평화를 찾아 달려서 바티칸으로 1

평화를 찾아 달려서 바티칸으로 1

강 명 구 지음

열린서원

평화를 찾아 달려서 바티칸으로 1

지은이   강명구
발행처   열린서원
발행인   이명권
발행일   제1판 제1쇄 2024년 5월 15일
주 소   서울특별시 종로구 창덕궁길 117, 102호
전 화   010-2128-1215
전자우편 imkkorea@hanmail.net
등록번호 제300-2015-130호(1999년)

값 15,000원
ISBN 979-11-89186-46-3 03340

내 마음속의 불씨 하나

언제부터인지 모른다. 내 가슴에 조그만 불씨 하나 날아든 것이. 어디서 왔는지도 모른다. 아마도 시집간 딸 하나 남겨놓고 어린 다섯 아들 북어 엮듯이 엮어 손잡고 피난 내려와 돌아가실 때까지 다시는 고향 땅을 밟아보지 못한 내 할머니의 한숨에서 날아왔는지. 아니면 고향에 두고 온 내 어머니보다도 더 그리웠을 아버지의 첫사랑의 고개 숙인 그림자로부터 인지도 모른다. 혹시 그것은 한반도 구석구석 어디에도 민들레 홀씨처럼 날아다니는 것인지 모른다.

내 가슴 속에서 그리 오래 절인 배추처럼 돌덩이에 눌려있던 것이 이제야 움찔거리는 것도 이상하다. 한 가지 확실한 것은 재 속에서 불씨로 숨죽이던 그 염원이 달리면서 일어나는 바람에 불꽃같이 살아나는 것이 느껴진다.

어느 날 마음을 열고 내 가슴 속의 불씨를 보여주었더니 그 사람도 가슴에 그런 불씨가 있다는 말이다. 불씨는 불씨와 만나 불꽃으로 피어난다. 아직은 작고 부끄러운 꽃망울에 불과하지만, 서로의 가슴

속에 품었던 통일의 불씨를 꺼내 이어버리면 누구도 막지 못할 통일의 불길이 될 것이다.

내 마음에도 있고 너의 마음에도 있는 통일의 소망이 활활 타오르도록 달리면서 풀무질을 한다. 도공이 정성껏 빚은 흙을 불가마 속에 넣고 1,300도의 푸른 불꽃이 일어나도록 온 정성을 다해 풀무질하듯 통일의 불꽃을 일으켜본다. 흙은 어디에나 널려있다. 통일의 염원도 어디에나 널려있는지 모른다.

어디에도 있는 흙을 빚어 도자기가 완성되려면 수십 차례 정성스러운 과정을 거쳐야 한다. 명품 통일을 이루기 위해서는 수십 번도 더 불구덩이 같은 고통과 고난에 들어갔다 나와야 할지 모른다. 그럼에도 불구하고 우리가 평화통일을 이루기 위한 노력을 지속해서 하여야 하는 이유는 우리가 안고 있는 수많은 부조리와 모순 불공정의 대부분이 남북분단으로부터 오기 때문이다.

현대의학의 가장 큰 오류는 환자보다는 질병에 매달려 왔기 때문이다. 우리 몸은 우주와 같은 것이어서 온몸의 기관과 세포가 서로 얽혀서 연결되어 있다. 아무리 과학이 발달하여도 우주를 0.1%도 알지 못하듯이 현대의학은 인체를 0.1%도 알지 못한다. 현대의학이 원인치료를 외면하고 증상치료에만 매달려 왔지만 고칠 수 있는 병은 별로 많지 않다. 병균 침투를 제외한 모든 질병은 유전자의 변질로 생기는 데 삶의 방식을 바꾸고 생활습관을 바꾸면 유전자가 원래의 상태로 돌아가 질병이 치유된다고 한다.

한반도의 휴전선은 유전자 변이이다. 한반도가 앓고 있는 모든 병의 원인은 휴전선으로 말미암은 것이다. 통일 운동의 가장 큰 오류도 어떤 하나의 현상에 일희일비하면서 또 다른 분열과 갈등을 양산하는 악순환에 있다. 남북평화통일을 이룩하면 지금 우리가 안고 있는 거의 모든 부조리와 모순 그리고 불공정으로부터 자유로워질 것이다.

지금 우리가 겪고 있는 불의와 일일이 대응하기보다는 전체를 아우르고 통합하고 소통하는 통일운동이 절실하지 않을까 생각한다. 휴전선을 걷어내고 건강한 사람 몸에서 혈액순환이 활발하게 이루어지듯이 사람들이 남북을 자유롭게 오간다면 한반도는 바로 건강을 되찾을 것이다.

명품 도자기를 만드는 일은 어느 것 하나 소홀히 할 수 없겠지만 가장 중요한 것은 불 때기이다. 명품 평화통일을 이루어내는 일에도 불을 때는 일이 중요하다. 가슴에서 살아나는 작은 불씨, 통일의 의지를 횃불에 담아 전 미주 동포가 손에서 손으로 횃불을 이어주면서 마음에서 마음으로 전달한다. 우리는 그을음이 나지 않는 푸른 불꽃이 일어나 춤을 출 때까지 온 정성으로 풀무질을 하여야 한다.

불은 사람의 마음을 따뜻하게 하는 영혼이 있는 생명이다. 불을 자신 안에 담은 사람만이 다시 그 불로 다른 사람을 타오르게 할 수 있다.

지난 2015년 9월에 나의 모든 것을 건 '아시럽'(유라시아)횡단에 성공하였다. 인간의 한계에 도전한 목적은 성공하였지만 북한을 통과하여 할아버지 묘소에 성묘하고 판문점으로 내려오는 것은 실패하였다. 정신적으로 좌절하였고, 뇌경색마저 덮쳐 육체적으로 좌절하여 드러누웠다. 그러다 내 안에 불씨가 꺼지지 않은 것을 알아차렸다.

반신불수의 몸이지만 드러누워 있어야 만 될 완전 불구는 아니었다. 불편하고 느리지만 불꽃을 살리고 싶은 의지가 불탔다.

　가만히 명상에 잠겼다. 명상 속에서 길을 모색했다. 현 시점에서 가장 영향력이 있는 사람이 누구일까? 한반도의 통일 문제는 정치인이 풀만큼 단순한 문제가 아니었다. 그때 머리에 떠오른 분이 교황님 이다. 교황님이 우리의 질곡의 상징인 '판문점'에 오셔서 평화의 미 사를 집전하신다면 그건 통일 역사의 변곡점이 될 것이 확실하다는 생각이 들었다.

차례

캄보디아 ... 173

태국 ... 213

한국

1 가슴 벅찬 첫걸음

바라보는 곳으로 걸어간다지요. 한라산 백록담에 올라 백두산 천지를 바라봅니다. 제주에서 바티칸을 바라봅니다. 저는 분쟁과 반칙이 없는 곳, 서로 상생하고 평화롭게 공존하는 세상을 바라봅니다. 온 세상이 한울 안, 한 울타리에 한 가족인 세상을 바라봅니다. 걷고 또 걸으면 언젠가는 그곳에 닿겠지요!

바라보는 곳으로 걸어간다지요. 한라산 백록담에 올라 백두산 천지를 바라봅니다. 제주에서 바티칸을 바라봅니다. 저는 분쟁과 반칙이 없는 곳, 서로 상생하고 평화롭게 공존하는 세상을 바라봅니다. 온 세상이 한울 안, 한 울타리에 한 가족인 세상을 바라봅니다. 걷고 또 걸으면 언젠가는 그곳에 닿겠지요!

탐욕과 증오심으로 가득 찬 세상에 평화의 메시지를 전달하고자 민족의 영산 한라산 백록담에서 시작하여 백두산을 향해 달려간다. 상처가 많아 아픈 섬, 그래서 평화의 섬을 자처하는 제주에서 교황님이 계시는 바티칸을 향해 무거운 발걸음을 내디뎠다.

산불이 난 자리에 더 웅장한 숲을 이루듯 '한반도에서 가장 깊은 질곡'인 판문점이 남북 사이의 소통과 화해의 교두보가 되고, 세계평화의 성지가 될 것이다. 그 일을 정치지도자들의 복잡한 셈법에 맡겨둘 일이 아니라 시민들의 뜨거운 가슴과 단순한 셈법으로 해결해보려 한다.

교황님의 성스러운 발길이 머무는 것만으로도 시민들의 가슴에 불이 붙을 것이다. 우리는 판문점에서 그 뜨겁고 간절한 마음으로 어깨를 마주 잡고 '통일'의 떼창을 부를 것이다.

인간의 탐욕이 잉태한 코로나로 고통받는 지구촌 모든 시민을 위로한다. 전쟁과 분쟁으로 고통받는 모든 시민을 위로하려 길을 나섰다.

내가 다시 길 위에 나서는 것은 외롭고 두려웠지만, 애써 담담한 척했다. 쉰 살이었을 때 나는 인생의 절반을 살아온 것을 자각했다.

나는 예순다섯 살이 되었고, 3년 전에 뇌졸중에 걸려 반신마비가 왔다. 이제까지 내가 해왔던 것 중 많은 것을 할 수 없게 된 것을 알았지만 절뚝거리며 지구의 반대편에 있는 바티칸까지 가는 도전에 나서려 한다. 염려하는 사람들의 이유 있는 반대를 뒤로하고 어려움이 닥치면 행운의 여신이 함께하기를 바랄 뿐이다. 한계를 뛰어넘는 도전을 성공하고 나면 나에게서부터 혁명적 변화가 생긴다는 믿음이었다. 나는 무엇보다도 내 안에 아무 희망도 자랄 수 없는 사막으로 남겨둘 수 없었다.

제주도 비바리여!

놀멍 쉬멍 줏엉갑서! 놀멍 쉬멍 줏엉갑서!
졸바로 봥 갑서게 푸도지믄 하영 아파

저 앞에 가는 제주도 비바리여
백두산 가는 길을 내게 알려주오!
나는 왕십리 청계천 푸른 물이 흐르는 곳에서 자란
중년 사나이라오!
내 아버지 어릴 적 가슴에서 뛰어놀던
새끼 사슴과 같은 꿈이 있다오!
언제나 정열에 불타는 붉은색 피를 흘린다오.
지금은 내 가슴에서 눈물 짓는 사슴을
백두산에서
평화롭게 뛰어놀게 하고 싶다오!

천지의 맑은 물을 마시며
줄기 따라 뻗어 나가리오!

언제나 첫 발걸음에는 두려움과 동시에 셀레임이 교차한다. 나는
이 여정을 위해 시인의 상상력에 어린아이의 호기심과 감수성과 천
문학자의 넓은 시야까지 장착할 것이다. 거기에 모험가의 강인함까
지 갖출 것이다. 그러므로 인간에게 닥친 병마보다 인간의 정신은 강
하다. 나는 무너진 몸을 일으켜 세우기 위해 길 위에 나섰다.

몸은 우주와 같이 신비롭고 경이로운 존재이다. 몸이야말로 삶의
도구이자 주체이다. 몸은 가장 체계적이며 원초적이고 야생적이다.
몸이 진정 원하는 것을 추구하다 보면 소외와 억압에 반발하고 자유
와 평화를 찾는다는 것을 알게 되었다. 몸은 광활한 우주와 같은 '평
화의 길'을 탐사하는 유일한 탐사선이다. 오늘 나는 탐사선에 의지하
여 '평화의 길'을 탐사하려 길을 나선다. 내 몸에 내장된 최신형 내비
게이션은 평화의 길에 잘 안내해줄 것이다.

나의 여정에 힘을 실어주려 서울에서부터 20여 명이 같이 발걸음
을 해주었고, 제주도민들과 원불교 교무, 신부, 스님들도 함께했다.
한라산 정상의 하늘은 더없이 맑고 쾌청하였으나 산허리에 걸린 구
름에 제주 바다의 아름다움은 자태를 감췄다. 갈 길의 안전과 평화를
기원하는 기원문을 낭독하는 우리들의 표정은 결연하되 희망으로 가
득 찼다.

한때 광란의 살기로 가득했던 4.3 기념공원에서 희생 영령에 대한

묵념을 할 때는 눈물이 흘렀다. 다시는 무고한 양민학살이 일어나지 않기를 바라면서 관덕정까지 행진하였다. 제주도지사 오영훈 씨가 점심때 와서 '남북통일과 세계평화'를 위한 대장정의 시작을 제주도에서 시작하게 된 것의 사의를 표하여주었다.

평화를 만들어내는 것은 주먹을 불끈 쥐고 거리로 나간다고 되는 일이 아니다. 울분을 토해낸다고 찾아오는 것도 아니다. 평화는 가슴이 뜨거워지는 데서 시작한다. 모든 전쟁과 폭력의 싹은 잘라내고, 평화의 새 기운을 북돋음 하는데 달릴 때의 뜨거운 가슴이 필요하다고 생각했다.

지속 가능한 삶을 함께 설계하며 달리며 반신불수가 된 나의 몸과 마음을 치유하고, 몸이 병든 사람에게는 치유의 소망을, 병든 역사는 희망찬 미래가 되기를, 병든 사회는 서로 아끼고 나누는 사회가 되기를 소망한다. 전장에는 포연이 멈추고, 이미 포연이 멈춘 곳에서는 불안과 공포가 멈추기를 기원한다.

나는 뜨거워지기 위해 길 위에 나섰다.

2 독도 아리랑

독도는 바다 속에 끓는 무언가가 있어 이렇게 솟아올라 우리 땅이 되었다. 나도 지금 내 속에 끓는 무언가가 있다. 언제부터인지 알 수 없다. 용솟음쳐 오르는 것을 자꾸 억누르려고만 했었다. 보라! 작은 용솟음이 우리의 해양 영토를 얼마나 넓혀주었나! 우리 마음속의 작은 소망의 용솟음이 우리의 희망의 지평선을 얼마나 멀리 끌고 갈 것인가? 독도에 선 나의 시선은 대마도가 어디쯤인가 가늠해본다.

울릉도에서 맞는 일출은 장관이었다.

동해의 푸른 바다는 먼 길 떠나는 사람의 설레임 정도로만 일렁였다. 울릉도에서 뱃길 따라 약 1시간 반, 드디어 독도가 선창 너머 시선에 들어온다. 작은 바위섬 두 개가 서로 마주보고 서있다. 동도와 서도가 마치 서로 그리워하는 사이처럼 바다에 떠있는 작은 조형물 같았다. 우리 겨레가 늘 이곳을 생각하며 결의를 다지던 곳이라 먼 길을 무거운 짐을 지고 떠나는 사람의 결의를 다지기에는 딱 맞는 장소이지 싶었다. 하늘이 돕고, 바람이 돕고, 용왕님이 도와야 가능하다는 독도에 무사히 접안할 수 있어 다행이다.

독도는 바다 속에 끓는 무언가가 있어 이렇게 솟아올라 우리 땅이 되었다. 나도 지금 내 속에 끓는 무언가가 있다. 언제부터인지 알 수 없다. 용솟음쳐 오르는 것을 자꾸 억누르려고만 했었다. 보라! 작은 용솟음이 우리의 해양 영토를 얼마나 넓혀주었나! 우리 마음속의 작은 소망의 용솟음이 우리의 희망의 지평선을 얼마나 멀리 끌고 갈 것인가? 독도에 선 나의 시선은 대마도가 어디쯤인가 가늠해본다.

독도에 배가 입항하자마자 모델들은 한드레시아 이남옥 디자이너의 한복 드레스를 입고 사뿐사뿐 내려 푸른 바다와 독도를 무대로 즉흥 패션쇼를 펼쳤다. 독도는 순식간에 예술의 공간이 되고, 평화의 공간이 되어 감동의 물결이 일렁거린다. 마라톤에 평화가 더해지고 패션쇼가 더해지다니! 그야말로 복합 융합의 총체가 아닌가? 핸드폰에 컴퓨터 기능을 더하고 사진기 기능까지 더하니 스마트 폰이 되었다. 나의 비빔밥 통일론이 빛을 발하기 시작할 것이란 희망의 일출이 떠오르는 듯하다.

러·일전쟁 때 일본 제국주의의 침략을 받아 가장 먼저 빼앗겼던 섬, 울릉도와 독도에서 특별히 평화 마라톤 출정식을 하는 것은 전쟁의 바다를 평화의 바다로 바꾸어서 아시아의 지중해로 아시아의 세기를 열어젖힐 염원을 담아 달려가고자 하는 의미 때문이었다.

독도는 남자 몸의 젖꼭지처럼 전혀 필요 없어 보여도 꼭 필요한 무엇이다. 그런데 사실 바다 밑에 매장된 지하자원이라든가 한류와 난류가 만나는 지점의 황금어장이라든가 군사적으로 따지면 크기는 작아도 무시할 수 없을 만큼 중요하다. 우리나라 지도의 완성을 위해서도 꼭 필요하다. 남자의 젖꼭지는 필요 없어 보이지만 그것 없으면 남자들 웃통 벗으면 우스운 모습이 될 것 같다. 그리고 그곳은 중요한 성감대이기도하다. "민감한데 건딜면 느그들 혼난데이!"

정진호 포항공대 교수는 한 때 평양과학기술대 부총장으로 남북화해와 협력을 위해 헌신해 왔다. 그의 이력은 분단 한국사에 아주 특별하다. 그는 또한 한동해포럼 회장으로 유라시아 원이스트 포럼의 한동해 지역 해양 생태계 환경 및 남북교류 정책과제 세미나가 울릉도 라페루즈 리조트에서 개최되었다. 한동해 포럼은, 동해는 한반도의 동해가 아니라 유라시아 대륙 전체의 동해임을 천명하며, 하나의 동해에서 남과 북이 만나서 상생과 평화경제를 이루어 우리 민족이 아시럽으로 펼쳐 나가는 미래 비전을 가진 단체이다.

동시에 나의 울릉도, 독도에서 먼 길 떠나는 환송식으로 아름다운 정원에서 한복패션쇼가 펼쳐졌다. 프랑스 해군 장교이자 탐험가인 라페루즈 백작은 루이 16세의 명을 받아 1785년 2척의 함선을 이끌고 우리나라 해안을 직접 탐험 한 후 서양에 처음으로 다즐렛(Dagelet) 이란 명칭으로 울릉도를 알린 인물이기도 하다.

이 자리에는 송영길 전 대표가 멀리 서울에서 나의 먼 여행을 특별히 응원차 내려와 자리를 빛내주었다. 그는 나의 평화마라톤의 든든한 후원자 중의 한 사람이다. 또한 나의 든든한 응원자 중의 한 사람이 정진호 교수이다.

동해가 미래의 지중해가 되는 꿈! 동해가 남과 북이 함께 뻗어 나가는 상생 경제의 바다가 되는 꿈! 이 꿈을 안고 바티칸까지 달려갈 것이다. 혼신의 힘을 쏟아 달려 갈 것이다. 나의 모든 것을 바쳐 달려 갈 것이다.

간결하고 생생한 꿈을 꾸는 민족, 꿈을 현실화 시킬 수 있는 지혜와 역동성이 있는 민족! 뜨거운 가슴을 가진 민족만이 고난의 역사의 물줄기를 바꿔 찬란한 역사로 창조할 수 있다. 민족의 절실한 요구를 응시하면 통합의 구심력이 필요해진다. 난 그 구심력이 평화 통일이라고 보았다.

3 나의 의지마저 자빠뜨리지는 못한다

부산은 해양과 아시럽 대륙을 연결하는 관문이라는 지정학적 위치와 더불어 향후 남북의 철도가 이어지고 나아가 시베리아 횡단 철도와 연결되면 '철의 실크로드' 시종착역이 될 것이다. 부산 또는 목포에서 베이징까지 더 나아가 모스크바나 베를린, 파리까지 사람과 물품을 실어 나를 수 있게 된다. 또 급속한 중국의 경제성장에 따라 급팽창하고 있는 물동량을 끌어들여 아시아의 시대를 열어갈 중심지가 될 것이다.

항구에 깃들어 있는 정신은 진취적이고 개방적이면서도 거칠다. 그래서 말이 거칠고 억양(抑揚)이 세서 타지의 사람이 부산사람들 대화하는 걸 들으면 싸우는 것 같다. 부산항을 통해 사람과 물자만 오고가는 것이 아니라 문화도 유입되었다. 비행기 여행이 많지 않던 시절에 항구는 바다와 육지를 연결해주면서 순환과 소통이 이루어지던 곳이다. 그래서 부산 사람들은 외래문물을 받아들이는데 익숙하고 그것을 우리의 것으로 재탄생시키는 능력도 탁월하다.

부산은 해양과 아시럽 대륙을 연결하는 관문이라는 지정학적 위치와 더불어 향후 남북의 철도가 이어지고 나아가 시베리아횡단철도와 연결되면 '철의 실크로드' 시종착역이 될 것이다. 부산 또는 목포에서 베이징까지 더 나아가 모스크바나 베를린, 파리까지 사람과 물품을 실어 나를 수 있게 된다. 또 급속한 중국의 경제성장에 따라 급팽창하고 있는 물동량을 끌어들여 아시아의 시대를 열어갈 중심지가 될 것이다.

부산역 광장에는 아침 일찍부터 배다지 의장, 하상윤 의장, 방영식 목사, 오길석 씨 등 평생을 민주화운동에 헌신해 오셨던 분들과 통일의병 그리고 동래학춤 명인 박소산 씨와 김도경 씨의 액막이 타령으로 나의 발길에 액을 물리치는 의식이 거행되었다.

낙동강 자전거길을 따라 달리는 길은 그야말로 풍광이 절경이다. 헤르만 헤세의 시구처럼 '이제 여름은 늙고 병 들었다.' 한여름의 폭염이 약간은 풀이 죽은 8월 말에 절룩거려 속도를 낼 수 없는 걸음으로 혼신의 힘을 다해 달려가다 그만 도로에 박아 놓은 못에 발이 걸려 넘어졌다. 오른발이 좀 덜 들려 조금만 턱이 지어도 걸려 넘어진다. 그래서 무릎보호대를 했다. 그것 덕분에 자칫 무릎에 큰 부상을 입을 것을 예방했다. 그러나 넘어지면서 얼굴을 땅바닥에 스쳤다.

나는 이 긴 여정에 무수히 많이 넘어질 것이다. 넘어지지 않을 자신이 있어서 이 길을 나선 것이 아니다. 두 발이 정상적으로 작동한 지난 여정에서도 넘어졌는데 지금은 뇌경색 후유증으로 절름거리면서 넘어지지 않으리란 생각으로 길을 나선 것이 아니다. 넘어져도 다시 일어날 자신이 있어서 이 길을 나섰다. 뇌경색으로 쓰러져도 나의 의지마저 자빠뜨리지는 못했다.

어제 마침 프란체스코 교황님이 한반도의 평화를 위해 평양을 방문하고 싶다는 대담이 뉴스를 통해 본 뒤라 가슴이 부풀어 오른 참이었다. 교황님의 평양 방문이 성사 된다면 그야말로 금상첨화이겠지만 그것이 성사되지 않더라도 한반도 질곡의 중심인 판문점에서 미사를 집전해주시기를 바라면서 또다시 지구의 반 바퀴를 돌고 있는 것을 아신다면 어떤 반응을 보일지 무척 궁금하다.

청도에서 대구로 넘어가는 길, 팔조령은 옛날 산 도적이 자주 출몰하여 팔 명이 조를 이루어 넘지 않으면 위험하다고 해서 팔조령이라고 했다고 한다. 영남에서 한양 가는 길에 문경새재 다음으로 높은 고개를 힘겹게 오르고 대구남구청에 도착하니 서울에서 내려온 이한용 위원장을 비롯하여 배한동 교수, 김미경 교수 등 20여 명이 현수막을 들고 환영을 해주었다.

일행은 이른 저녁식사를 하러 중국음식점에 갔는데 주인이 열 명 예약하고 20명이 왔다고 화를 내면서 나가라고 한다. 뭐 이런 사람이 다 있나하고 투덜거리면서 나왔는데 일행들은 나오질 않는다. 한참을 밖에서 서성이니 대구 사람들끼리는 다 이해한다고, 맛난 음식을 먹으려면 감수하여야 한다고 들어오라고 한다. 덕분에 짜장은 맛있게 먹었지만 푸대접을 받으면서도 꼭 그 집 음식을 먹겠다는 대구 사람들도 이해가 안 갔다.

그 자리에서 모르는 사람들이 나의 건강을 염려하며 무사완주를 기원하는 덕담을 해주었고, 나는 "사실 통일을 아버지 세대에 이루었어야 하는데 그러지 못하고 그 분들은 대부분 돌아가셨습니다. 그렇다고 그 분들을 원망하고 있을 수만은 없습니다. 그 분들은 매 끼니를 걱정하던 가난한 나라를 선진국으로 끌어올리셨습니다. 그것이 우리 아버지 세대의 시대적 소명이었습니다. 통일은 우리 세대가 감당해야하는 시대적 소명입니다. 하나 된 통일 코리아를 우리 자식들에게 넘겨주어야 합니다. 꼭 바티칸까지 달려가면서 평화의 공감대를 세계적으로 확산시키겠습니다."하고 인사말을 가름했다.

왜관에서 김천까지 뛰고 성주의 소성리에 들리려는 계획은 무산되었다. 소성리에 코로나가 창궐하니 오지 말라고 한다. 소성리에서 사드반대 운동을 2,000일째 하는 원불교 교무님들을 마음으로나마 응원한다. 바람은 언제나 서로 상충하는 기압이 만나면서 일어난다. 평화의 성지 소성리와 전쟁의 상징 사드가 만나 온 세상을 뒤엎을 평화의 바람이 일어날 것이다. 가본 적 없는 다른 세상이 바람에 묻어와 기분이 싱그러워 코를 벌렁거려보았다.

소성리의 사드는 미국에게 타이어에 박힌 못과 같은 것이다. 못이 박혀있는 동안 타이어의 바람은 빠지지 않는다. 못을 빼는 순간 타이어는 바람이 푸르르 빠지고 만다. 못을 박고 얼마간은 달릴 수 있지만 멀리 가지는 못할 것이다. 미국은 질주하는 고속도로에서 터지기 전에 미리 타이어를 바꾸어야 할 것이다. 동네 깡패 같은 정책에서 친구가 되기 위한 정책으로 하루속히 바꾸어야 할 것이다.

모든 전쟁과 폭력의 싹은 잘라내고, 평화의 새 기운을 북돋음 하는데 달릴 때의 뜨거운 가슴이 필요하다고 생각했다. 평화를 만들어내는 것은 주먹을 불끈 쥐고 거리로 나간다고 되는 일이 아니다. 울분을 토해낸다고 찾아오는 것도 아니다. 가슴이 뜨거워지는데서 시작한다. 먼저 내 가슴이 뜨거워진 연후에 내 가슴의 뜨거움을 많은 사람에게 전달하는 것, 그리하여 그 뜨거움을 응축해내는 것, 그리하여 그 뜨거운 가슴을 부둥켜안는 것부터 시작해야 한다.

4 바위섬

80년 5월, 들어갈 수도 나갈 수도 없는 고립된 섬이 되어버린 광주, 바다 한 가운데 외로이 있는 바위섬을 보며 5월의 광주를 떠올렸다는 배창희가 만들고 김원중이 노래한 곡이 바로 그 유명한 '바위섬'이다.

'파도가 부서지는 바위섬
인적 없던 이곳에
세상 사람들
하나 둘 모여 들더니
어느 밤 폭풍우에 휘말려
모두 사라지고
남은 것은 바위섬과
흰 파도라네'

　김천에서 광주로 넘어가는 길에 체코 출신 정관스님이 우크라이나의 평화를 기원하며 삼보일배하는 곡성에 들러 함께 힘을 실어주었다. 순천 송광사에서 서울 조계사까지 3개월 정도 작정을 하고 떠난 길이다. 스님은 무릎보호대와 팔보호대를 하시고 저고리가 땀에 흠뻑 젖은 채 삼보일배를 하고 있다가 우리 일행이 나타나자 반가이 맞았다. 스님이 고행길에 나선 것은 나로부터 평화를 찾고 세계평화의 원력을 찾기 위해서 길 위에 나선 것이다.

　스님은 "전쟁도 한 생각에서 시작해 그 생각을 내려놓는 것으로 끝이 난다. 세계의 평화는 개인의 평화에서 시작한다," 그러면서 내 여정 길에도 수많은 마음의 시험이 들 터이니 그것을 극복하고 뜻을 이루기 바란다고 덕담을 해주었다.

　전쟁은 인간이 겪을 수 있는 가장 참혹하고 가혹한 폭력적인 경험이다. 그로인해 무수히 많은 사망자가 발생하고, 재산상의 손해가 발생하고 인간성은 피폐하게 된다. 개인과 집단의 삶을 여지없이 파괴한다. 사망자는 누군가의 아들이고 남편이며, 아버지고 친구이다. 정관스님은 특히 어린 아이들의 희생에 가슴 아파한다.

80년 5월, 들어갈 수도 나갈 수도 없는 고립된 섬이 되어버린 광주, 바다 한 가운데 외로이 있는 바위섬을 보며 5월의 광주를 떠올렸다는 배창희가 만들고 김원중이 노래한 곡이 바로 그 유명한 '바위섬'이다. 이 노래는 '님을 위한 행진곡'과 함께 광주를 대표하는 노래가 되었다. 그러지 않아도 광주에 오면 80년 5월을 떠올릴 수밖에 없는데 이날 내 책 '유라시아 비단길 아시럽 평화의 길' 북콘서트의 대담자가 김원중이리니!

그는 불과 며칠 전에 제의를 받고 흔쾌히 수락하고 그 사이에 두꺼운 책 세 권을 밑 줄쳐가며 읽어보고 예사롭지 않은 대담을 이끌어 가는 매끈한 진행을 해주었다. 덕분에 뇌경색 후유증으로 어버버한 발음으로도 충분히 관객들에게 의사전달을 할 수 있게 되었다.

다음날 5.18 민주광장에서 십여 명이 모여 출정식을 하고 5.18 묘역으로 가서 참배했다. 멀고, 두렵고, 한편 근거 없는 희망을 갖고 떠나는 길에 민주 영령들의 정신을 되새기는 일은 의미 있는 일이다. 그때 나는 말년 휴가를 나와 서울역 광장 시위현장을 따라다니다 귀대하니 바로 비상계엄령이 선포되었었다.

5.18 묘역에서 순창으로 달려갔다. 담양의 메타세콰이어 길을 달리니 무겁던 마음이 상쾌해진다. 숲에 살아 있는 흙 속에 숨어 있는 미생물이 분비한다는 천연 항우울제 세로토닌은 마음을 상쾌하게 해준다. 순창에서는 순창 농민회가 환영식을 해주었다.

피로가 누적되어 감당할 수 없는 지경이다. 그런 가운데 이 여정을 기록하는 것도 게을리 할 수 없다. 그것은 나 스스로가 부여한 사명이다. 이 여정의 성공여부는 400여 일의 여정 동안 결국 어떻게 피로를 관리하는가에 달렸다. 나는 오랜 달리기 여정 끝에 나만의 경험에 의해 축적된 남들이 보기엔 이상한 습관이 몸에 배었다.

그것이 남보다 결코 우수하다고 할 수 없는 체력으로도 남들이 감히 상상조차 못하는 아시럽 대륙을 횡단한 영업비밀이기도 하다. 그것이 순수한 마음으로 도와주러 온 사람들에게 상처를 주기도 한다. 마음 아픈 일이지만 나는 이 여정을 성공하기 위하여 내 몸이 가장 원하는 것에 충실할 수밖에 없다.

5 전주 관아와 동학혁명

내가 만난 사람들의 받는 부당하고 터무니없는 대우에 울분까지 느끼게 되었다. 이제 내가 달리는 이유는 모든 억압받고 부당한 대우를 받는 것들과, 조국의 평화 통일을 위한 무저항 비폭력 투쟁이며 혁명이다. 피 대신 땀 흘려 싸우는 혁명이다.

나의 혁명

길 위를 달리는 것
그리하여 가슴이 뜨겁게 달구어지는 것

뜨거워져야
쇠도 칼이 되고 보습이 되고
흙도 달항아리로 태어난다.

뜨거워야 사랑도 하고
뜨거워야 언어가 시가 된다.
무엇이라도 되려고 길 위에 달린다.

이것이 나의 혁명이다.
현실을 딛고 먼 곳으로 달려가는 것

처음 내가 달리기를 시작한 것은 건강상의 이유였다. 그러다 호흡이 안정되기 시작하자 차츰 달리면서는 마주치는 모든 것들과 인사를 나눌 수 있는 여유가 생겼다. 먼저 사람과 눈맞춤을 하고 인사를 나누었다. 그리고 사물과 눈맞춤을 하고 인사를 했다. 그러자 나는 내 주위에 모든 사물과 인사를 나눈 사이가 되었다. 인사를 나눈 사이와 그렇지 않은 사이의 차이는 하늘과 땅 차이였다. 인사를 나누니 애정이 생겨났다. 내가 인사를 나눈 모든 생명이 부당한 대우를 받는 것에 대한 인식이 싹텄다.

내가 만난 사람들이 받는 부당하고 터무니없는 대우에 울분까지 느끼게 되었다. 이제 내가 달리는 이유는 모든 억압받고 부당한 대우를 받는 것들과, 조국의 평화 통일을 위한 무저항 비폭력 투쟁이며 혁명이다. 피 대신 땀 흘려 싸우는 혁명이다.

민중은 언제나 억압과 피탈이 가장 심할 때마다 지배 권역과 불평등에 맞서 끊임없이 저항하며 떨쳐 일어났다. 프랑스 혁명과 러시아 혁명과 비견될 동학혁명, 그러나 안타깝게 프랑스 혁명과 러시아 혁명처럼 전 세계에 영향을 미치지 못 했을 뿐 아니라 우리 역사의 변화도 이끌어내지 못했다. 그러나 그 정신은 살아서 역사의 변곡점마다 방향을 잡아주는 이정표 역할을 해왔다. 그 사상은 뭇 생명을 살려내기 위한 생명 존중운동의 발현이었다.

19세기 조선이 맞닥트린 위기는 이전에 마주한 위기와는 차원이 다른 것이었다. 지금까지는 같은 문화권이 가져다주는 충격이었다. 이런 위기는 지배체재를 바꿈으로서 극복해왔다. 그런데 동아시아로 동점해 오던 서양열강은 전혀 새로운 유형의 위기였다. 그 충격은 가히 핵폭탄 급이었다. 우선 기독교적 직선적 사고는 우리의 종래 사고를 뿌리째 뒤흔드는 것이었다. 거기에 과학기술의 발전을 토대로 한 시장경제와 자유무역주의를 근간으로 한 자본주의와 신분제 타파를 토대로 한 근대국가의 모습은 충격 그 자체였다.

이러한 위기의식 속에서 1860년 수운 최제우는 대외적 위기 극복의 사상적 대응 논리를 확립하고자 보국안민(輔國安民)의 계책을 들고 동학을 창립하였다.

전주는 동학농민군이 위대한 승리를 거둔 승전지이자 집강소라는 우리나라 최초의 민주적인 통치기구가 설치되었던 민주주의의 출발점이자, 이후 근대역사의 중요한 이정표가 되는 곳이기도 하다. 조선 민중들에게 가장 처절하게 투쟁하고 실패로 끝난 미완의 혁명이기 때문에 더욱더 기억하지 않으면 안 된다.

140년 전 혁명의 심장이었던 전주감영에서 출발하는 발걸음에는 그날의 함성과 북소리가 울리듯 가슴 벅차다. 그들은 기울어지는 나라를 바로잡고 외세를 몰아내고 자유롭고 평등한 사회를 이루기 위해 분연히 일어났다. 전 세계에 영향을 미치지는 못했어도 그 정신이 이어져 광주혁명과 촛불혁명으로 이어졌다. 그러나 동학혁명은 아직 완성되지 않았다.

태풍 전날 하루 종일 쏟아지는 비를 맞으며 전주감영에서 출발하여 완주 책 박물관까지 뛰는 데는 3시간가량 걸렸다. 절룩거리며 뛰며 걸으려니 보통 사람 빠른 발걸음 정도의 속도 밖에 안 나온다. 이곳은 일제강점기 시대 삼례역과 군산역을 통해 일본으로 반출할 수탈된 양곡을 쌓아놓던 곡물 창고였다고 한다. 그곳이 문화예술 공간으로 재탄생한 것이다. 아픈 역사의 흔적을 그대로 안고 이제는 마음의 양식을 저장할 곳으로 살아있는 공간이 된 곳이다.

이런 색 바랜 역사가 있는 곳에서 내 저서 미래의 희망이 담긴 '유라시아 비단길 아시럽 평화의 길'강연회를 가질 수 있었던 것은 큰 행운이었다. 책 박물관이 있는 것만으로도 문화의 도시 삼례로 다시 태어날 수 있으니 과연 문화의 힘은 크다고 할 수 있다. 완주군수가

대접한 점심 식사를 하고 다시 3시간 반 정도 달려서 익산 원불교 총
부로 갔다.

민성효 중앙교구장을 비롯한 몇몇 교무들이 비를 맞으며 나를 반
갑게 맞아주었다. 민성효 교무는 총부의 탑들의 내역을 일일이 일행
들에게 설명하면서 전산 종법사님의 탑돌이 시간을 기다렸다. 종법
사님은 나의 먼 여정의 무사완주를 기도하시겠다며 염주와 함께 금
일봉을 내려주셨다.

원불교는 소태산 박중빈이 '물질이 개벽하니 정신을 개벽하자!'고
회상을 열었고, 2대 종법사 정산종사가 "한울안 한이치에 한집안 한
권속이 한일터 한일꾼으로 일원세계 건설하자!"는 원대한 꿈을 설파
하면서 자리를 잡은 종교이니, 이것이 나의 꿈이 되었다.

6 막걸리 랩소디

잔은 공평하게 채워졌다. 걸쭉한 막걸리의 보얀 액체가 목젖을 타고 떨어져 내려서 봄비가 대지를 적시며 만물이 소생하게 하듯이 온몸을 적시며, 몸을 따스하게 데우며 저 깊숙한 곳에 움츠려 있던 희망과 자신감을 끌어올린다. 온 누리에 풍요와 평화가 넘치듯이 몸에 사랑과 평화가 깃든다.

막걸리는 뜨거운 에너지를 교류하게 만든다.
좋은 막걸리는 단맛, 신맛, 쓴맛, 떫은맛이 조화를 이루면서 감칠맛과 맑고 시원한 맛을 더한다. 추석 연휴를 보내고 다시 지난번에 마친 대전으로 내려왔다. 대전에서 마침 통일의병들이 나의 여정을 위로하기 위한 자리를 만들어서 그곳에 갔다. 그중 반은 안면이 있고 반은 처음 보는 사람이다.

특히 지난번 아시럽대륙 횡단할 때 운전도우미를 잘 해주었던 김태형 군의 아버지 김진태 씨와 어머니도 자리를 함께하였다. 돼지갈비 익어가는 냄새와 막걸리 익은 냄새가 코끝을 자극했다. 마침 막걸리 잔을 채우고 있었다. 일행에게 방해가 되지 않기 위하여 얼른 인사를 마치고 자리를 잡았다.

자리에 앉기 바쁘게 내 잔에도 뽀얀 희망과 애환이 채워졌다. 잔은 공평하게 채워졌다. 걸쭉한 막걸리의 뽀얀 액체가 목젖을 타고 떨어져 내려서 봄비가 대지를 적시며 만물이 소생하게 하듯이 온몸을 적시며 몸을 따스하게 데우며 저 깊숙한 곳에 움츠려 있던 희망과 자신감을 끌어올린다. 온 누리에 풍요와 평화가 넘치듯이 내 몸에 사랑과 평화가 깃든다.

몸이 뜨거워지며 우리들의 '평화'의 이야기도 자연스레 뜨거워진다. 자연히 화제는 과연 내 불편한 몸으로 바티칸까지 갈 수 있느냐는 염려로 이어진다. 그리고 설사 무사히 그곳에 도착해도 교황님 건강도 안 좋은데 만남이 성사될 수 있겠느냐 하는 것이다. 막걸리가 두어 순배 돌자 염려는 산들바람처럼 포근했다.

'막걸리는 평화다.' 세상 모두가 공평하고 정의롭고 평화로운 막걸리 같았으면 좋겠다.

이규보는 "나그네 창자는 박주(薄酒)로 씻는다."고 했다. '막 걸러 낸 술' 막걸리는 서민들의 애환을 담았고, 희로애락을 함께한 순수 우리나라의 풍미와 맛을 지닌 전통 술이자 대중적인 술로 서민과 함께 했다. 막걸리는 가는 지방마다 맛이 다르다. 소주와 맥주처럼 대기업이 시장을 평정하지 않아서 한반도를 종주하면서 다양한 막걸리 맛의 향연에 빠져서 즐기는 기쁨도 솔솔하다.

조선조 초의 명상 정인지(鄭麟趾)는 젖과 막걸리는 생김새가 같다 하고 아기들이 젖으로 생명을 키워 나가듯이 막걸리는 '노인의 젖줄' 이라고 했다. 노인의 젖줄이라 함은 충분한 영양원일 뿐 아니라 무병장수의 비밀이 막걸리에 담긴 것을 의미하리라. 막걸리는 와인이나 맥주보다 덜 세련되어 털털한 인상을 주는 것이 오히려 매력이다. 막걸리는 한 번에 쭉 들이키는 것보다 닭이 물을 마시듯 조금씩 마셔야 제격이다.

막걸리는 단군왕검이 후손들에게 준 최고의 선물이다. 달리기가 그렇다. 달리면 신진대사가 빨라지고 심장의 박동이 빨라진다. 몸이 따스해지면서 마음에 희열이 온다. 온전한 평화를 이루는 종교적 깨달음은 수도승이 아니면 이루어질 수 없는 줄 알았다. 그러나 달릴 때 큰 호흡을 하면서 최고의 움직임을 하고 있는 자신의 육체에 온 정신이 집중될 때 큰 평화와 기쁨이 찾아온다는 하늘의 비밀을 알아내고야 말았다. 막걸리는 단군왕검이 준 최고의 물방울이고 달리기는 인간의 가장 완벽한 움직임이다.

신은 인간에게 네 다리를 주었지만 인간은 두 다리만을 사용하는 반란을 일으켰다. 반란은 대성공이었다. 두 다리만 사용하여 달리고 두 다리를 더 섬세한 일에 사용하여 인간은 완벽에 더욱 가까워졌다. 언제부터인가 인간은 두 다리만 사용하여 먹이를 좇았고, 적으로부터 도망 다녔다. 네 다리로 달릴 때보다는 느렸지만 도구를 사용할 줄 알게 되었다.

장거리 달리기는 시큼 달콤하고 맑고 시원한 고통이다. 그러나 고통이 막걸리처럼 온몸을 데워주고 나면 찾아오는 완전한 기쁨이 있다. 고통 속에서 빠져드는 몰아의 경지, 고통과 함께 느껴지는 삶의 경이로움과의 만남이다. 내 몸의 모든 세포와 기관이 가장 활발하게 움직일 때 도달하는 특별한 기쁨과 평화로움의 정체를 찾아서 떠나는 달리기 명상 여행이다.

장거리 달리기는 자칫 무미건조한 운동이라고 생각될 수 있다. 끝없이 밀려오는 고통을 이겨내고 나면 우리 마음속의 잡초와 같은 감정인 잡념과 집착, 우울증, 분노, 폭력, 상실감 질투를 뽑아낼 수 있다. 거기에 나는 '평화'라는 깃발까지 장대에 꽂고 달린다.

청주에서 북컨서트도 이재표 대표가 부드럽고 능숙하게 대담을 이끌어주어서 어버버한 내 발음을 능숙하고 부드럽게 분위기를 잡아주었다. 거기에 내가 좋아하는 조애란 가수와 김강곤 작곡가의 음악은 시큼 달콤한 감칠맛과 맑고 시원한 막걸리 같은 분위기를 연출했다.

7 다시 길을 떠나려한다

다시 서울을 떠나 새로운 서울을 꿈꾸며 달릴 것이다. 서울은 천지개벽할 정도로 변했지만 평양과 만나 다시 힘차게 웅비해야 한다. 서울과 평양은 분명 평화의 중심지, 문화의 중심지가 될 여러 가지 조건을 갖췄다. 만 년의 고통을 이겨내고 이룩한 찬란한 역사의 발자취에 분단을 기어이 극복하고 이룩한 평화가 우리가 K-평화의 전도사, 문화의 전도사 자격증 시험을 통과한 합격증과 같은 것이다.

구름도 한 점 없는 푸른 하늘 아래 펼쳐진 황금빛 사막을 한 마리 외로운 낙타처럼 터벅터벅 달리는 상상을 해본 적이 있는가? 그 황금빛 사막 위에 태양이 솟아오를 때면 지금껏 불가능하다고 제쳐놓았던 모든 일들이 가능하게 보이고 불끈불끈 솟아오르는 자신감을 체험을 하게 될 것이다.

이글거리는 태양 아래 에메랄드빛 바다와 순백의 해변, 그 옆에 야자수 나무 그늘 아래 해먹을 펴고 지친 몸을 올려놓고 살랑거리는 바람이 솜털을 간질이며 오감을 자극할 때 몰려오는 노곤한 행복감을 느껴보았는가? 상큼한 바람 불어오고, 청명한 하늘이 보이고 뭉게구름 사이로 즐거운 상상의 나래가 펼쳐질 것이다. 이렇게 길을 떠나면 그동안 내가 움켜쥐고 있던 가치관과 편견들의 무게가 얼마나 터무니없이 무거운 짐이라는 것을 깨닫게 된다.

길은 언제나 설레는 상상력을 무한히 제공한다. 시인들은 시상을 얻기 위하여 숲길을 걸었고, 수도승들은 깨달음을 얻기 위하여 고행의 길을 떠났다. 정치인들은 정치적 결단을 앞두고 산을 오르곤 한다. 나는 사랑받기 위하여 외롭고 험한 길을 떠나려 한다. 내가 가진 소망이 여러 사람에게 공감을 얻어 큰 소망이 되게 하려 길을 떠나려 한다.

시대가 아무리 변해도 인간에게 가장 소중한 가치는 끈끈한 인간관계이다. 돈도 권력도 명예도 결국은 사랑받기 위해서 필요한 것이다. 이런 것들이 있으면 더 관심 받을 것 같기 때문이다. 네가 내게로 와 나를 충만하게 하고, 내가 너와 더불어 삶이 온전해지기를 바라는 것이다. 내가 가진 꿈이 너의 꿈과 만나 큰 소명이 되고 그 시대적 소명을 함께 이루고자 함이다.

옛날 할머니는 나의 사랑을 얻기 위하여 옛날이야기 보따리며 알사탕을 수시로 내밀었다. 나는 후손들에게 들려줄 모험이야기를 주어 담으려 길을 떠나려한다. 알사탕보다도 단물이 오래 나올 통일된 조국을 손에 쥐어주려 길을 떠난다. 길 위에는 무수히 많은 장애물이 있지만 길 너머에는 희망이 있기 때문이다.

다시 서울을 떠나 새로운 서울을 꿈꾸며 달릴 것이다. 서울은 천지개벽할 정도로 변했지만 평양과 만나 다시 힘차게 웅비해야 한다. 서울과 평양은 분명 평화의 중심지, 문화의 중심지가 될 여러 가지 조건을 갖췄다. 만 년의 고통을 이겨내고 이룩한 찬란한 역사의 발자취에 분단을 기어이 극복하고 이룩한 평화가 K-평화의 전도사, 문화의 전도사 자격증 시험을 통과한 합격증과 같은 것이다.

세종대왕의 금빛 동상 위에 앉아 있는 고추잠자리의 날개 위로 아직 여름이 채 가시지 않은 뜨거운 햇살이 반사돼 내 눈을 부시게 만든다. 아련한 풋사랑의 추억과 푸르러야할 젊은 시절 뿌연 최루연기의 기억으로 가득 찬 광화문 광장에 초로의 나이에 다시 섰다. 희망을 이야기하고, 화합을 이야기하고, 평화를 이야기하고, 마침내 통일을 이루기 위해 다시 섰다. 대륙학교 동문들과 함께 독립문과 무악재를 넘어 구파발을 지났다. 그렇게 신의주까지 뻗어있을 1번 국도를 따라 달려 올라갔지만 언제나와 같이 현실의 한계는 임진각까지였다. 그러나 그렇다고 해서 좌절하고 주저앉을 수 없는 노릇이다. 희망은 언제나 미래에 대한 낙관적인 생각을 의미하지는 않는다. 희망은 절망의 어깨를 짚고 일어나려는 의지, 희망을 가질 수 없는 상황 속에서도 불끈 솟아오르는 승부욕 같은 것이다.

2017년에 김정은과 트럼프가 쏘아올리는 말의 미사일 발사는 이 땅 위에 사는 사람에게는 실제 핵폭탄보다도 가슴을 찢어놓았다. 세상은 탈냉전과 세계화로 순탄히 나아가는 듯하더니 다시 격랑 속에서 통일과 평화로 나아가지 못하고, 해묵은 불신과 대립이 반복되는 상황이다.

국가는 국민의 안전과 행복을 존재의 이유로 삼고 있다. 우리는 선거권을 가지고 있기는 하지만 국가가 그 역할을 제대로 수행하지 못할 때 실제로 우리의 삶과 죽음을 결정하는 일에 우리 민초는 철저하게 배제되어 왔다. 평화가 가장 절실할 때, 평화가 깨질 위험에 놓일 때 우리 민초들이 일어나 평화를 지켜내고 그것을 굳건한 반석 위에 올려놓아야 하는 것이다. 그것이 내가 그 수많은 장애물과 맞닥뜨릴 위험에 노출되는 두려움을 느끼면서도 길 위에 나서야 되는 이유이다.

순례길을 떠난다는 것은 경계를 넘는 것이다. 기존의 고정된 사고의 틀을 깨고 새로운 세계를 만나러 고행의 순례를 떠난다. 지금껏 갇혀 있던 틀을 깨고 우리가 운명처럼 받아들였던 것을 '왜'라고 물으면서 낯선 길을 끝없이 걸으면 마침내 맑고 선명하게 보이는 것이 있다. 그것이 무엇이든 그것들과 어깨동무하면서 공존공영이라는 열린 마음으로 가득한 시민들이 만드는 세계의 문을 향해 걸어 나갈 것이다. 한국이라는 분단의 가시장벽을 넘어 미래를 엿보고 올 것이다.

내가 의미하는 평화는 반전반핵평화와 민본평화, 생태평화 그리고 평화통일이다.

베트남

8 찐짜오 베트남! 깜언 베트남!

베트남에서 내가 배우고 싶은 것은 세계 초강대국들을 차례로 물리치고 기어코 통일을 이룩해낸 그 정신과 기상이다. 베트남에서 내가 진정 배우고 싶은 것은 용서하고, 벌하며 화합과 조화로 초고속 성장을 이룩해내는 강인한 의욕이다. 베트남을 남에서 북으로 온전히 두 달을 달리며 베트남의 구석구석 엿볼 것이다.

평소에 존경하는 조헌정 목사님과 나를 태운 비엣항
공 조종사는 안개가 낀 하노이 상공에 진입하더니 노
이 바이 공항에 마치 한 마리 나비가 연꽃에 내려앉듯
사뿐히 내려 앉혔다. 공항에는 장은순 한인회장과 원불교 하노이 교
당의 한화중 교무 그리고 교민회와 베트남 사이에서 가교역할을 하
는 팜티너 씨 등이 환영 나왔다. 그녀는 교민사회에서는 영찬엄마로
불리며 궂은일을 도맡아서 처리해준다고 한다. 그녀는 90년대 초 한
베수교가 되기 전 베트남 국비장학생으로 뽑혀 한국에 유학을 왔다.
한국 남자의 줄기찬 구애가 사랑의 결실을 맺었다.

공항을 벗어나 시내로 들어서자 자동차와 오토바이의 물결이 마
치 용솟음치는 용의 모습처럼 웅장하고 활기차게 도로를 메웠다. 바
로 한인회관으로 가서 한인회 인사들과 인사를 나누고 내 저서 『유
라시아 비단길 아시럽 평화의 길』1, 2, 3권을 한인회 도서관에 기증하
였다. 한인회는 두 달간 베트남 일정에 도움을 약속하고, 한인 슈퍼
마켓을 베트남 전역에 136개나 가지고 운영하는 고상구 회장은 베
트남을 달리는 두 달여 동안 필요한 음료수와 각종 식료품을 지원해
주기로 하였다.

베트남에서 내가 배우고 싶은 것은 세계 초강대국들을 차례로 물
리치고 기어코 통일을 이룩해낸 그 정신과 기상이다. 베트남에서 내
가 진정 배우고 싶은 것은 용서하고, 벌하며 화합과 조화로 초고속
성장을 이룩해내는 강인한 의욕이다. 베트남을 남에서 북으로 온전
히 두 달을 달리며 베트남의 구석구석 엿볼 것이다. 그리하여 가장

극심한 고통과 절망의 자취가 서려 있는 곳에 사실은 지고지순한 아름다움과 신성함이 있다는 보석 같은 진리를 알아내고야 말 것이다.

다음날 오전 하노이에서 가장 영향력이 있는 천년사찰 팝 반 파고다(Phap Van Pagoda)의 주지스님 틱 탄 후인(Thích Thanh Huân) 큰스님의 초대를 받고 만나 환담을 나누었다. 사찰은 원래 천년고찰인데 전쟁 때 폐허가 된 것을 중건했다고 한다. 베트남 불교 승가집행위원회 국제불교이사회 상임부위원장이신 베트남 인민들의 존경을 받는 스님이다. 우리들의 면담요청으로 라오스 일정을 뒤로 미루고 우리 일행을 맞아주셨다. 스님의 어린왕자처럼 천진한 미소 속에 성직자의 경건한 미소와 전쟁을 겪으면서 고난 받는 신도들의 마음을 어루만지면서 일으켜 세운 목자의 따뜻함이 묻어 나왔다.

이 자리에 원불교 한화중 교무와 전 명동 향린교회 담임목사이셨던 조헌정 목사가 동행하여 종교를 초월한 평화의 담론의 장이 펼쳐졌다. 틱 탄 후인 스님은 남과 북으로 갈라져 싸우던 두 아들을 화해시키는 어머니의 일화부터 이야기를 시작하여 우리가 남과 북으로 나뉘어 아직도 서로의 가슴에 총칼을 겨누는 현실을 같이 아파하고 있다고 하셨다.

스님은 하늘에서 싸이렌이 울리고 폭탄이 우박 쏟아지듯이 쏟아지고 섬광이 번개처럼 하늘을 뒤덮을 때면 폭탄 하나의 값이 병원 하나의 값이요, 학교 하나의 값이 될 텐데 폭탄 대신 병원이나 학교를 세워주었으면 미국에게 저주 대신 감사의 절을 올렸을 텐데 하고 생각했다고 한다.

스님은 북한의 어린이들을 위하여 항상 기도한다고 했다. 먹을 음식과 분유 그리고 의료용품을 꾸준히 지원하는데, 그 돈이 핵개발에 사용될 것을 염려된다고 하자, 조헌정 목사가 식품은 결코 핵이 되지 않으니 염려 말고 북녘의 동포들을 도와주시면 우리는 결코 그 은혜를 잊지 않겠다고 했다. 전쟁도 평화도 마음에서 시작된다고 마음을 올바로 사용하기 위하여 각자의 믿음에 따라 다 같이 묵상하는 시간을 갖자고 제의해서 그렇게 하였다.

스님이 베풀어주신 오찬은 아마 내가 받아본 최고의 오찬이었다. 사찰음식답게 채식으로만 꾸려진 식단을 우리의 눈과 혀끝에 감동으로 몰아넣기에 충분했다. 하노이에서 베지타리안 음식 최고의 음식점을 경영한다는 분을 특별 초대해 음식을 조리하였다. 조헌정 목사가 제의해 떼제 공동체의 노래 '사랑의 나눔 있는 곳에 하날님께서 계시도다.'란 노래를 식사 전에 불렀다.

결코 남 앞에 비굴하지 않은 베트남의 꼿꼿한 정신이 전쟁을 이미 오래 전에 끝내고 꿋꿋하게 다시 일어서게 했다. 아비규환의 비명소리, 흥건하던 핏자국도 지워지고, 시시때때로 고막을 터트리던 폭탄소리도 잦아들었고, 제멋대로 널브러졌던 일상들도 제자리를 찾았다. 전쟁의 영웅들의 훈장은 장롱 속에서 녹슬어가고, 간혹 전쟁을 옛사랑을 추억하듯 추억할 뿐, 추억은 책갈피에 꽂아둔 은행잎처럼 색이 바래고, 일부의 추억은 낙엽처럼 떨어져 날아가기도 했다. 사진도 색이 바래고, 가슴을 도려내던 슬픔도 오랜 수채화처럼 색이 바랬다.

내가 다시 그런 것들을 회상하면서 달려가고자 하는 이유는 그런

전쟁의 참화가 다시는 반복되어서는 안 되기 때문이다. 나의 발자국 하나하나에 미국이 저지른 여러 비도적인 전쟁 가운데도 상징적인 베트남전쟁에 참전한 우리의 역사적 반성을 담아내려 한다. 미국의 최신식 살상 무기에 맨주먹으로 맞서 이룩한 베트남 인민의 위대한 통일을 우리의 평화통일로 승화시키고자 하는 바람을 담아내려 한다.

안중근 선생이 꿈꾸던 '동양평화론'을 어떻게 구현해낼까 하는 화두를 가슴에 안고, 우리 문화와 정서가 가장 가까운 베트남을 종단할 것이다. 가까운 21세기 아시아는 다양한 문제들과 역동적인 가능성이 공존하는 현장이다. 아시아를 하나로 묶는 연결고리를 찾기란 쉽지 않다. 아시아는 인종도 다양하고 그만큼 문화도 다양하고 종교도 다양하다. 정치체제와 이데올로기도 다양하다.

여기에 국가주의와 민족주의의 재등장은 심히 우려되는 바이다. 아시아를 하나로 묶어내기란 요원한 일처럼 보인다. 경계를 이루는 산맥은 높고, 강은 깊고 거칠며 바다는 넓었고 태풍은 사납다. 꿈틀대고 일어서는 중국의 대국주의와 일본의 군국주의, 거기에 미국의 패권 유지를 위한 몸부림은 문제를 더 복잡하게 비틀고 있다.

이런 상황에서 과연 통합 아시아는 가능한가? 아시아 공동체의 탄생은 정녕 꿈에 지나지 않는가? 그러나 세계화와 정보화가 급속하게 진행되며 물적, 인적, 정보의 교류를 통해 상호 유대감의 지평을 넓혀가고 있다. 이동과 교류는 경계를 허무는 일에 크게 공헌하였다. 특히 대중문화는 이제껏 볼 수 없었던 새로운 흐름이 생겨나 도도한 물결을 이루고 있다.

평화에 대한 염원으로 망상에 빠진 나는, 기사(騎士) 이야기책을 탐독하다가 망상에 빠져서 여윈 말 로시난테를 타고 물레방아를 향해 달려가는 돈키호테처럼 달려갈 것이다. 통일에 대한 구상에 심취해 있다가 불현듯 떠오른 생각, 로마교황청까지 유모차를 밀고 한 손에는 교황님께 "판문점에 오셔서 평화의 미사를 집전해 주십사" 하는 청원서를 들고, 나의 가슴에는 평화의 창을 들고 뛰어갈 것이다. 평화가 오는 그 날, 만인이 함께 어우러져 춤을 추고 떼창을 부르는 그 날까지 앞으로만 달려갈 것이다.

9 수련꽃 더욱 붉다

베트남인들의 자존심은 도대체 어디에서 나오는가? 다소 왜소해 보이지만 어깨가 쭉 펴졌고 얼굴은 당당하고 행동에는 비굴함이 아예 애초부터 없다. 그런 자존심의 중심에는 온화한 이웃집 아저씨와도 같은 옹골찬 지도자 호찌민이 있다. 베트남 사람들은 말한다. 베트남은 한 번도 분단된 적이 없다고. 베트남은 호찌민이란 이름 아래서 언제나 하나였다고!

베트남인들의 자존심은 도대체 어디에서 나오는가? 다소 왜소해 보이지만 어깨가 쭉 펴졌고 얼굴은 당당하고 행동에는 비굴함이 아예 애초부터 없다. 그런 자존심의 중심에는 온화한 이웃집 아저씨와도 같은 옹골찬 지도자 호찌민이 있다. 베트남 사람들은 말한다. 베트남은 한 번도 분단된 적이 없다고. 베트남은 호찌민이란 이름 아래서 언제나 하나였다고!

아직도 베트남 인민들 가슴에 살아서 인민들과 숨 쉬는 호찌민 영묘 앞에서 첫발을 내딛는 것은 이번 여정의 의미를 더할 것 같다. 1945년 9월 2일 이곳에는 붉은 깃발과 환호하는 인민들로 뒤덮였다. 그날 인민들은 신비에 가득 쌓인 그들의 지도자를 맞으러 전국 각지에서 몰려들어 새롭게 열리는 희망의 새날을 마음껏 자축했다. 자주독립 국가의 주인들은 당당하게 가슴을 폈다.

호찌민은 차분하게 독립선언문을 읽어 내려갔다. "모든 인간은 평등하게 태어났다. 신은 인간에게 아무에게도 양도할 수 없는 권리를 부여했다. 생존, 자유, 행복을 추구할 권리가 그것이다." 이것은 미국의 독립선언서의 첫 구절이기도 했다. 이것은 미국의 정치인들에 의해서 철저히 외면돼 온 사문화된 글귀이지만 꼭 이룩해야 할 인간 정신이기도 했다. 연설은 잔잔한 물결같이 퍼져나가 인민들의 가슴에 또렷이 새겨졌다.

마음속으로 이웃집 아저씨처럼 친근감이 가고 청빈하게 살면서 인민을 올바르게 안내한 그런 지도자를 그린다. 이야기만 들어도 가슴이 먹먹해지는 감동을 주는 삶을 살다간 호찌민이 아직도 생생하게 살아 있는 곳이다. 그가 가장 존경한 사람 중의 하나가 조선의 실학자 정약용이라고 한다. 그는 정약용을 너무 존경해서 그의 저서인 『목민심서』를 늘 베개 밑에 두고 읽었다고 한다.

남과 북을 아울러서 하나의 강력한 힘으로 뭉쳐낸 그런 지도자를 부러워하면서 베트남 인민이 가장 존경하는 호찌민 영묘 앞 바딘 광장에서 평화순례 여정을 시작하기로 하였다. 이곳은 베트남 혁명의 영혼이 살아 숨 쉬는 곳이다. 호찌민 영묘, 주석궁, 호찌민이 살던 집, 호찌민 기념관이 모여 있다. 출정식에는 한인회 임원들과 한화중 교무, 영찬 엄마, 성남 평통회장, 가야금 연주자 하소라 씨와 이번 행사를 위하여 물심양면의 지원을 아끼지 않는 이한용 준비위원장이 같이하였다.

내 가슴에는 호 아저씨가 입버릇처럼 하던 말 "자신의 힘으로 싸울 때만 제국주의를 이길 수 있다."라는 말이 어느새 아로새겨졌다.

베트남의 도로는 차와 오토바이에서 울려대는 고막을 찢을 것 같은 소음과 매연을 감당하기에 너무 버거웠다. 신호등조차 없는 무질서와 혼돈 속에서 화를 내거나 짜증내지 않는 그들의 무표정한 얼굴이 오히려 흥미를 유발한다. 그런데도 지옥의 아비규환을 찾아 달리기라도 하는 양 일방통행로의 반대 방향으로 역 주행하는 오토바이와 마주치면 가슴이 철렁한다. 이런 곳에서 잠시 긴장의 끈을 놓았다가는 로마까지 가기 전에 천당에 먼저 가기 십상이다.

사흘 만에 닌빈에 도착하였다. 동행하는 조헌정 목사님의 옛 향린교회 교우인 남택우 씨가 연락되어 저녁식사에 초대하였다. 그는 대화중에 옛 노무현대통령 방문 시에 일화를 들려주었다. 독일 대통령 헬무트 콜 수상이 폴란드 유대인 수용소를 방문할 때 무릎 꿇고 사죄하였듯이, 사죄를 하겠다는 요청을 했지만 베트남 정부에서 거절했다고 한다. "귀하의 나라는 미국의 용병이었으므로 용병은 사죄할 자격이 없다."

공식적인 사죄는 무산되었지만, 노무현 대통령은 기자회견 중 이를 언급하시면서 진정으로 사죄하는 마음으로 눈물을 글썽거렸는데 이 장면이 베트남 국민들의 감동을 불러일으킨 모양이다. 사실 그때 노무현 대통령과 함께, 그 장면을 보는 한국 국민이 모두 눈물을 흘리며 무릎을 꿇었다. 베트남 정부는 사과를 거절했지만, 베트남 국민은 한국이 사죄한 것으로 받아들였다고 한다. 모든 진실한 사람은 다른 사람의 옷깃에 제 옷깃이 스치는 것을 느낄 수 있다.

점심식사를 하고 나오는데 한 소녀가 "안녕하세요."하고 인사를 한다. 다가가서 나도 인사를 하니 "한국 사람이세요?" 질문하는 소녀의 뺨이 상기되어 복숭앗빛으로 물들어 있었다. "네", "저 오늘 한국 회사에 면접 봤어요." 한다. 나도 미소를 지으며 "합격하기를 빌게요!"라고 말했다.

조금 더 가니 누가 나를 부른다. 나는 웬만하면 가던 길을 되돌아가지 않지만 하도 반갑게 부르기에 되돌아가니, 두 부부가 한국사람 아니냐고 한다. 자기들은 가리봉동에서 12년간 살다 왔다며 한국에서 돈 벌어 슈퍼를 차렸다며 음료수를 전해준다. 그 이야기가 나의 감정선을 건드렸다. 나의 두 눈에 눈물이 맺혔다.

1945년 9월 2일 호찌민은 상기된 표정으로 하노이 바딘 광장에서 자신이 손수 문안을 작성한 독립선언문을 낭독하고 있었다. 역사적인 베트남민주공화국 수립과 독립을 선포하는 자리였다. 그는 그을린 얼굴에 움푹 들어간 눈이 유난히 광채가 날 뿐, 웃음 띤 얼굴, 그의 수염은 전혀 위압적이거나 권위적이지 않았다. 빛이 바랜 카키색 복장과 고무 타이어를 잘라 만든 슬리퍼 차림이었다.

그가 읽은 베트남 독립선언문의 시작은 1776년 토머스 제퍼슨이 작성한 미국의 독립선언문 서문과 비슷하다. "모든 인간은 평등하게 창조되었다. 그들은 창조주로부터 양도할 수 없는 권리를 부여받았다. 생존, 자유, 행복 추구 등이 그러한 권리이다." 소수를 제외한 일반 대중들은 그의 연설을 듣기 전까지 그가 1930년 베트남 공산당을 창당한 애국자 응우옌 아이 쿠옥이라는 사실을 모르고 있었다. 그는 연설을 통해 자신이 바로 베트남의 전설의 독립운동가이자 애국자인 응우옌 아이 쿠옥이라는 사실을 밝혔다. 모두가 놀랐다.

"자유와 독립보다 더 소중한 것은 없다." 호찌민의 이 말은 수많은 젊은이들을 감동시켜 전장에 자원입대하게 하였다. 그러나 전쟁은 길고 처참했다. 남북의 젊은이 150만 이상이 죽어갔다. 그들의 희생을 요구한 것은 호찌민이었다. 호찌민은 이름조차 남기지 못하고, 첫사랑의 달콤한 키스의 추억조차 가지지 못한 채 희생된 그들에게 평생 부채감에 시달렸다. 그들을 생각하면 언제나 그의 양 볼에는 눈물이 흘러내렸다.

우리나라보다 훨씬 더 외침을 많이 받은 비극의 나라 베트남 인민들은 노무현의 눈물에 감동을 받기 전에 이미 호찌민의 눈물에 감동을 받은 사람들이었다. 때로 지도자의 진심 어린 눈물은 어떤 명연설보다 시민들을 감동시킨다.

10 베트남의 아리랑 "꺼이 쭉 신"

숨이 턱턱 막힐 정도의 이글거리는 태양이다. 이런 곳에 나는 어김없이 연약한 초로의 노인일 뿐이다. 몸이 밀랍처럼 녹아버릴 것 같다. 구름이라도 몰려와서 태양을 막아준다면 그건 고마운 일이다. 바람이라도 불어준다면 그것도 고마운 일이다. 갈증을 해소시켜주는 야자수열매를 파는 가게를 만나게 된다면 큰 행복이다. 그 가게에 해먹이라도 걸려있어 지친 몸을 쉬어 갈 수 있다면 정말 말할 수 없는 기쁨이다.

내 전 생애는 실패의 연속이었다고 고백할 수밖에 없다. 우리나라의 역사도 얼마 전까지 실패의 역사였다. 그러나 나는 단 한 가지만은 확신한다. 나는 실패할 때마다 주저앉지 않고 벌떡 일어섰다. 우리나라도 그랬다. 그리고 내가 달리고 있는 베트남도 그렇다. 지금 나는 베트남의 동맥인 1번 국도를 달리고 있다. 1번 국도는 베트남을 남북으로 관통하는 쯔엉썬 산맥과 가난한 단선 철로와 어깨를 나란히 하고 달린다.

철도는 식민지의 자원을 수탈하고 군사적 억압을 신속하게 수행하는 병력을 이동하는 중요한 시설이었다. 프랑스는 중국 국경의 랑선에서부터 캄보디아 프놈펜까지 2,500km에 달하는 철로를 개설했다. 수탈을 원만하게 하기 위해서는 항만과 운하도 필요했다. 저 가난한 단선 철로는 그때 깔린 모습 그대로 지금도 기차는 힘없이 달리고 있다. 그러나 저 철도는 초라한 모습이긴 하지만 대륙으로 달려나갈 수 있지 않은가? 세상 끝까지 달려갈 수 있다는 것은 매우 중요하다.

나는 지금 계속 전진할 수 있다는 자신감으로 충만하다. 다행스럽게도 내가 경험했던 모든 실패는 나를 파멸시킨 것이 아니라, 더욱 강하게 만들어주었으며 목표를 평화로 바꿔 앞으로 나가게 해주었다.

숨이 턱턱 막힐 정도의 이글거리는 태양이다. 이런 곳에 나는 어김없이 연약한 초로의 노인일 뿐이다. 몸이 밀랍처럼 녹아버릴 것 같다. 구름이라도 몰려와서 태양을 막아준다면 그건 고마운 일이다. 바람이라도 불어준다면 그것도 고마운 일이다. 갈증을 해소해주는 야자수 열매를 파는 가게를 만나게 된다면 큰 행복이다. 그 가게에 해

먹이라도 걸려있어 지친 몸을 쉬어 갈 수 있다면 정말 말할 수 없는 기쁨이다. 길 위에 소소한 감사와 행복과 기쁨이 넘치도록 많다.

다른 나라의 문화를 이해하는 것은 쉬운 일이 아니다. 우리의 문화가 절대 선이라는 관념부터 하롱베이 한가운데 던져버려야 한다. 진리는 수백 개가 있다고 조헌정 목사님이 저녁을 먹으면서 내게 설파했다. 세계는 한 울 안, 한 형제라는 감성적 공간이기도 하지만 각 나라는 특정한 지리적, 환경적 여건과 다른 역사, 경험에 의해 형성된 각기 다른 가치관을 가지고 있다. 그러기에 각 나라는 여행자에게 가치에 충돌하는 문화를 가지고 있다는 사실을 그대로 받아들이는 자만이 여행의 즐거움을 얻고 배움을 얻을 수 있다.

나는 두 달간의 여정동안 베트남의 천 개의 얼굴과 천 개의 이야기를 주워 담을 준비를 단단히 하고 왔다. 한 나라의 문화와 역사를 길 위에 뛰어들어서 알아가는 것은 마치 DNA 이중나선형 구조를 알아가는 것처럼 복잡하고 미묘하며 흥미진진하다.

베트남은 우리나라와 같이 중국에서 들어온 유교적 가치를 중국보다 더 숭상하며 모든 관례와 정치체계를 바꾸었다. 유교적 가치관 속에서 가족과 촌락은 농경사회를 떠받치는 기둥이었다. 조상에 대한 예를 지키는 것은 농경사회의 중요한 덕목이다. 그러나 유교적 정치체제는 세월이 흐르면서 변화를 거부하는 완고한 수구적인 기득권 세력이 되어 세계적인 변화의 물결에 제대로 적응하는 유연성을 잃어버리고 말았다.

우리가 그랬던 것처럼 서구문명과 마주친 베트남의 지배세력은 유교 체제에 안주하면서 폐쇄의 늪에 빠져서 허우적거릴 뿐이었다. 어느 예기치 않던 순간 서구 문명이 거세게 밀어닥치자 우왕좌왕하다가 패망의 길로 내몰리고 말았다. 낡은 유교 체제는 서구열강에 맥없이 무너져 내렸다. 서구 제국주의의 침탈의 수순은 정해져있다. 먼저 상인이 교역하자고 들어오고 이어서 선교사들이 들어온다.

선교사들은 그들이 의도했건, 순수한 종교적 신념이든, 결과는 군인들이 쉽게 들어오기 위한 길을 닦는 역할을 하였다. 필시 선교사들의 공격적인 선교 활동은 문화적 충돌로 이어진다. 충돌은 갈등으로 이어지고 종교 탄압으로 이어진다. 당연히 희생자가 발생한다. 그다음은 군인들이 총과 포를 쏘아대면서 들어온다. 서구 제국주의가 들이미는 청구서는 조공제도에는 비교도 안 되게 굴욕적이면서 강탈적인 것이었다.

1858년 처음 프랑스 함대가 다낭을 점령한 뒤 베트남은 큰 함선이 기울 듯 점차 몰락해 갔다. 1887년 베트남은 완전히 프랑스의 식민지가 되고, 총독으로 부임한 폴 두메는 베트남을 세 지역으로 나누어 분할 동치를 하였다. 중부하고 북부지방은 통킹이라고 하여 보호령으로, 남부지방은 코친차이나라 하여 직할 통치하였다. 농민은 하루아침에 땅을 빼앗겨 소작농으로 바뀌었고, 소수 매국변절자를 제외한 지식계층은 사회적 지위를 박탈당했다.

님 웨일즈는 소설 '아리랑'에서 "조선에는 민요가 하나 있다. 그것은 고통받는 민중들의 뜨거운 가슴에서 우러나온 옛 노래이다. 심금을 울려주는 아름다운 선율에는 슬픔을 담고 있듯이, 이것도 슬픈 노래다.

조선이 그렇게 오랫동안 비극적이었듯이 이 노래도 비극적이다. 이 노래는 죽음의 노래이지 삶의 노래가 아니다. 그러나 죽음은 패배가 아니다. 수많은 죽음 가운데서 승리가 태어날 수도 있다."라고 썼다.

한국에 아리랑이 있듯이 베트남에도 한국의 아리랑과 같은 전 국민 애창 민요가 있다. "꺼이 쭉 씬"이 바로 베트남의 대표적인 민요이다. "꺼이 쭉 씬"의 뜻은 아름다운 대나무이다. 젊고 아름다운 아가씨를 대나무로 비유한 노래이다. 베트남에는 옛 부터 집 주변에 대나무를 많이 심었다고 한다. 대나무는 겨울의 극한 날씨에도 적응을 잘하며 푸르름을 자랑하기에 베트남 사람들에게 있어 대나무는 어떤 상황이든지 잘 극복하고 정직하여 곧으며, 깨끗하고 고상한 의미를 나타낸다.

'아름다운 대나무 연못가에 자라네! /푸른 잎 푸른 줄기 아름다워 / 높이 높이 자라라 멀리멀리 뻗어라 / 푸른 하늘 닿을 만큼 자라라 / 비바람 불어와도 흔들리지 않네 / 푸른 잎새 아름다워라'

이 민요도 고통 받는 민중의 가슴에서 생성된 노래이다.

『삼국유사』를 집필한 것은 몽골과의 항쟁기였다. 『삼국사기』가 신라 건국부터 멸망까지 1,000년 정도의 시간적 범위를 다루고 있다면 『삼국유사』는 고조선부터 고려 건국까지 약 3,000년이 넘는 시간적, 공간적 역사의 지평을 넓히면서 민족적 자긍심을 갖게 했다.

베트남도 몽골 간섭기에 『영남척괴열전(嶺南摭怪列傳)』을 편찬했다. 자신들의 역사와 문화를 후손들에게 남겨 민족의식을 고취하고자 베트남 민족의 기원과 국가 형성에 관한 신화를 수록한 베트남 최초의 문헌이다.

결국 올바른 역사서와 올곧은 지도자가 있느냐 없느냐는 중요한 것이다. 몽골의 침략을 받았을 때 마지막까지 저항한 것이 고려와 베트남이라는 점은 많은 것을 생각하게 해준다. 또한 이 영남척괴에는 베트남 판 호동왕자와 낙랑공주, 쫑 투이 왕자와 미쩌우 공주의 비극적인 사랑 이야기도 나오는데 흥미진진하다.

응에안 성은 호찌민 고향이라서 이곳 경찰만 호찌민이 즐겨 쓰던 모자를 쓴다고 한다. 지나가던 나를 세워 물병을 건네준다. 응에안 성의 성도인 빈은 베트남전 당시 북베트남의 전략요충지이다. 미군은 이 도시를 쑥대밭으로 만들었다. 위령비 앞을 지나며 희생된 영령을 위하여 잠시 고개를 숙인다.

베트남이 보여주는 천 개의 얼굴을 다 사랑하고 이해하려고 가슴을 활짝 펼친 나도 도저히 납득하지 못하는 것도 있다. 인민들의 행복을 위해서 맥주는 그렇게 값싸고 맛있게 제공하면서, 왜 인민들을 위하여 대중교통을 제공하지 않느냐이다. 그것은 아마 식민지시대에 모든 술 제조와 판매는 프랑스 기업이 독점해서 비싼 술을 마셨던 반감이 작용하지 않았나 생각한다. 하지만 어린 학생들부터 어른까지 '죽음의 길'을 오토바이를 타고 뛰어들게 해야 하느냐이다. 교통신호등도 거의 없는 '죽음의 길'에서 나는 하루에도 몇 번씩 사고를 목격해야만 했다.

11 '자유와 독립보다 소중한 것은 없다.'

가혹한 제국주의 식민지 수탈에 맞서 싸우며 민족의 독립을 쟁취할 이념으로 호찌민은 마르크스-레닌주의를 선택했지만 사실 그는 이념에 경도된 지도자는 아니었다. 단지 젊은 호찌민은 낡은 사고와 도덕적 편견을 뛰어넘어 행동으로 세계 모든 인민에게 헌신하는 레닌에 감명을 받았다.

내 피로는 바나나 열매처럼 주렁주렁 내 몸에 익어 가고 있었다. 아무리 좋은 명분을 가슴에 품어도 피로는 자비가 없다. 지난 8일간 하루 35km씩 뛰고, 오늘은 쉴 핑계를 잡았다. 사실 이 핑계는 이 계획을 세울 때부터 마음먹은 첫 휴식일이었다. 그러니까 베트남 국민들에게 무엇보다 소중했을 '자유와 독립'을 선사한 위대한 정치가요, 이웃집 아저씨 같은 분이 나고 자란 호앙쭈 마을을 찾는 것으로 마음의 위안과 육신의 휴식을 함께 얻는 것은 중요한 의미가 있을 것 같았다. 그래서 이번 여정 중에 주요 일정으로 잡았다.

새벽에 천둥 번개가 몰아치고 엄청난 비가 쏟아붓는 소리에 눈을 떴다. 오랜만에 알람을 안 켜고 잠을 푹 자려고 했으나 허사였다. 마음대로 안 되는 일이 많지만 나이가 드니 잠만은 정말 마음대로 되지 않는다. 침대에서 일어나지도 못하고 뒹굴뒹굴하자니 옆방에서 조 목사님 화상 예배 보는 소리가 빗소리를 뚫고 들려온다.

응에안 성의 성도 빈은 하이퐁, 다낭과 함께 북부 베트남의 주요 해안 도시이다. 이 도시는 남부지방으로 가는 관문 역할을 했기 때문에 북베트남의 전략요충지이다. 거기서 서쪽으로 20km 정도에 호찌민 생가가 있다. 그의 어렸을 때 이름은 응우옌 신 꿍이었다고 한다. 여느 독립운동가가 그렇듯이 그는 피신 다니느라 가명이 160여 개나 된다고 한다.

그의 아버지 응우옌 신 삭은 가난한 유학자였고 어머니는 서당 훈장 딸이었다. 그는 외갓집에서 태어나서 친가에서 자라다 아버지가 관직에 오른 해 어머니가 사망하자 다시 외갓집에서 유년기를 보냈다. 그의 부친은 프랑스 식민지 치하에서 간신히 명맥을 유지하던 응우엔 왕조에서 관리로 산다는 것이 식민지 경영의 주구에 지나지 않는다는 사실에 절망하여, 반 프랑스 감정을 노골적으로 드러내다 결국 해고당했다.

식민 체제가 언제나 그렇듯 프랑스는 먼저 베트남의 행정, 사법 제도를 개편하고 학교, 병원을 현대식으로 짓고 길을 뚫으면서 베트남의 발전에 기여하는 흉내를 내면서, 소수 기득권 세력과 결탁하여 전통문화를 말살하고 농토와 자원과 곡물을 수탈하며 대다수 민중을 노예로 전락시켰다. 수탈당해 앞길이 막막한 민중들의 최후의 수단은 저항이었다.

호찌민은 어릴 적 아버지로부터 베트남 영웅들의 이야기를 들을 때면 가슴이 웅장해지는 것을 느끼고 주변 세계의 현상에 호기심을 키웠다. 좀 더 자라서 그는 아버지의 친구 부옹 툭 쿠이로부터 유교 경전의 인본주의를 배우며 대국사상을 키웠다. 그는 새 스승으로부터 독립사상을 깨우쳤고 애국심을 고취시키는 시나 소설을 즐겨 읽었다. 그는 도로 건설 현장에서 프랑스인이 베트남 노동자를 학대하는 모습을 보고 식민지 조국 현실에 분노하고 괴로워했다. 위대한 혁명정신은 분노와 좌절한 마음속에서 자라나기 시작했다.

국학을 다니던 그는 과도한 세금을 규탄하는 납세 거부 시위에 참여해 퇴학을 당했다. 독립을 위해서는 세계를 더 알아야 한다고 생각했다. 1911년 사이공에 있는 프랑스 해운회사에 견습 요리사로 취직하여 프랑스로 가는 배를 탔다. 이때부터 민족해방운동이라는 혁명의 웅대하고 거친 여정이 시작되었다. 부당한 식민 체제를 타도하자는 굳은 결의와 함께, 그리고 영국, 미국을 비롯한 여러 나라를 떠돌면서 정원사, 청소부, 웨이터, 화부(火夫) 등으로 일했다.

21세에 조국을 떠난 젊은이는 1941년 51세의 중년의 나이가 되어 7개 국어를 자유자재로 구사하며 선진 문물을 잔뜩 머금고 조국의 자유 독립을 위해 사용하러 돌아왔다. 그의 식견은 서구의 교활한 책략을 꿰뚫어 볼만큼 탁월했으며, 그의 안목은 국제정세의 흐름을 파악하면서 '응우엔 아이 쿠옥'이라는 이름으로 역사의 무대에 혜성처럼 등장하였다.

프랑스에서 활동할 당시 그를 밀착 감시하던 파리의 정보경찰 장(Jean)은 문서에 "호찌민은 한국인들이 하는 모든 일을 자신의 근거로 삼고 있다. 그는 일제에 저항하는 한국인들의 계획을 똑같이 따르고 있다."라고 기록했다. 이는 호찌민이 독립운동가들과 깊은 관계를 맺었다는 추측을 가능하게 한다.

호찌민 어머니 호앙 티 로앙과 그의 동생의 무덤을 먼저 찾았고, 이어서 호찌민 생가로 외갓집을 찾았다. 그리고 유년시절을 보낸 친가를 찾았다. 호찌민의 아버지 응우엔 신 삭은 고아였다. 외할아버지가 그의 성실하고 총명함을 마음에 들어 사위로 삼았다. 호찌민은 5년 동안 이곳에서 자라다 후에로 공부하러 가는 아버지를 따라갔다. 거기서 어머니는 동생을 낳다가 출산 후유증으로 세상을 떠났다.

입구의 문 위에 간판 글자가 있어 구글 번역기를 가져다 대니 호찌민의 유명한 말 '자유와 독립보다 소중한 것은 없다.'였다. 그의 삶은 그렇게 소중한 것을 인민들에게 선사하기 위한 삶으로 점철된다. 그는 억압당한 베트남 인민의 자유와 독립, 인간의 존엄성을 최고의 가치로 여겼다.

어떻게 호찌민은 마르크스-레닌의 이념을 베트남 인민들의 가슴속에 깊게 쏟아 부을 수가 있었을까? 가혹한 제국주의 식민지 수탈에 맞서 싸우며 민족의 독립을 쟁취할 이념으로 호찌민은 마르크스-레닌주의를 선택했지만 사실 그는 이념에 경도된 지도자는 아니었다. 단지 젊은 호찌민은 낡은 사고와 도덕적 편견을 뛰어넘어 행동으로 세계 모든 인민에게 헌신하는 레닌에 감명을 받았다.

그는 프랑스, 일본, 미국 등 당대 세계 최강의 제국주의자들과 맞장떠서 끝내 승리하고 자주독립을 이룩한 베트남의 영웅이지만 철저하게 자신이 신격화되는 것을 거부한 사람이다. 그는 권위적이지도 권력을 탐하지도 행사하지도 않았다. 그는 위대한 지도자란 호칭을 거부했다. 베트남 인민들은 그를 단지 '호 아저씨'라고 부를 뿐이었다.

그는 항상 사파리 정글모자에 남루한 옷 한 벌과 타이어를 오려서 만든 슬리퍼 차림의 인민들 속으로 달려가서 스킨쉽을 나누었고, 서정 시인처럼 은은하면서도 한낮의 더위를 식혀주는 스콜처럼 촉촉하게 베트남 인민들의 가슴에 파고들었다. 그는 피 튀기는 전쟁과 증오의 현장 속에서도 인민들에게 명랑하고 행복한 모습을 보이려 부단히 애썼다. 무엇보다도 지도자가 낙담하는 모습을 보이면 안 되기에 슬퍼도 울 수가 없었다.

그런 그도 무명용사들의 무덤을 찾을 때는 흐르는 눈물을 감출 수가 없었다. 젊은이들을 전쟁터로 내몬 원죄로부터 자유로울 수가 없었다. 그는 젊은이들에게 정의감과 애국심에 불타오르도록 때론 열정적인 웅변가처럼, 때론 음유시인처럼 달콤하게 연설하였다. 젊은이들은 그의 연설에 감동하여 한 치의 망설임도 없이 폭탄이 떨어지는 전쟁터로 나가 기꺼이 목숨을 바쳤다. 사람은 입체적이고 다면적이다. 그 어떤 위대한 인물도 여기서 자유로울 수 없다.

그는 전쟁이 한창이던 1969년 9월 2일, 베트남의 완전한 통일을 못 본 채 숨을 거둔다. 베트남 정부는 이런 그를 기리기 위해 통일이 된 후 남베트남의 수도였던 '사이공'을 '호찌민'시로 바꾼다.

유해를 화장해 평생을 노심초사 사랑을 불태우던 불멸의 연인인 조국 베트남 북부와 남부, 중부에 고루 나누어 뿌려달라고 했던 호찌민이었다. 베트남 공산당 지도부는 "내가 죽은 다음 거창한 장례식으로 인민의 돈과 시간을 낭비하지 말라"는 호찌민의 유지를 무시했다. 호찌민은 죽었어도 베트남 남북의 인민을 하나로 묶을 수 있는 이는 호찌민 하나 밖에 없었기 때문이다. 결국 '죽은 제갈공명이 산 사마의를 달아나게 만들었다.'는 말처럼 죽은 호찌민은 거대한 제국 미국이 꽁무니가 빠지게 달아나게 만들었다.

"당시 조국은 분단되어 싸우고 있었지. 호 아저씨는 언제나 우리 항쟁의 구심점이었어. 호 주석은 죽기 전에 남부에 한번 가는 것이 소원이었고, 남부의 인민들도 생전에 호 주석을 한번 보는 것이 평생 소원이었어. 그때는 호 아저씨의 유해를 기념관에 보존하는 것이 인민의 이익을 위한 조치라고 믿었지." 영화 '호 아저씨의 마지막 순간'을 만든 빈 감독의 해명이다.

평생을 '조국과 혁명'을 위해 헌신했고, 죽어서도 '인민'을 위해 그만큼 '봉사'했으면 인제 그만 그의 육신도 놓아주어 그의 유언대로 그의 평생의 불멸의 연인 베트남 남쪽, 북쪽, 중부에 화장하여 골고루 뿌려 그의 영혼도 쉬게 해주어야 하는 게 아닐까?

호찌민은 베트남인들에게 자랑스러운 '조국'의 대명사이다. 그의 정신은 "인간이 가진 정신은 인간이 가진 무기보다 강한다."이다. 베트남인들은 무기보다 강한 정신을 가지고 호찌민이라는 이름 하나로 뭉칠 수 있었고, 힘을 얻어 일어나 앞으로 나갈 수 있었다.

12 통킹만 사건

통킹만은 북베트남 해상 전력의 요충지이다. 미국은 남베트남에 대해서 군사, 경제적 원조를 엄청나게 제공했음에도 새는 항아리에 물 붓기였다. 상황은 미국이 애당초 마음먹은 대로 전개되지 않았다. 이제 남은 방법은 직접 개입이었다. 개입을 위해서는 명분이 필요했다. 늘 그렇듯이 명분은 필요하면 만들면 되었다. 그건 미국이 잘 할 수 있는 것이었다.

한참 힘겹게 달려가고 있는데 집을 수리하느라 시멘트 반죽을 하던 두 사내가 건너편에서 부른다. 쉬었다 갈 핑계를 찾고 있었는데 잘됐다 싶어 유모차를 한편에 세워두고 건너갔다. 자기들이 마시던 차를 마시라고 권하더니, 땀을 많이 흘리는 것을 보고 안에 들어가 시원한 맥주 한 캔을 들고 나온다. 나는 얼른 "깜언!"하고 받아 마셨다. '흐르는 쌀국수'가 목젖을 타고 넘어가 낙차가 크게 위장으로 떨어져서 생기를 돌게 만든다. 이번엔 다른 사내가 바나나 한 송이를 들고 나와 내 손에 쥐어준다. 아쉽지만 말이 안 통해 조금 앉았다 일어섰다.

건너와 조금 달리려니 어린아이를 오토바이 뒤에 태운 사람이 다가와 인사를 한다. 평택에서 10년을 살다 왔다며 그 앞 음식점에서 음료수라도 한잔하고 가라며 붙잡는다. 베트남의 길 위를 달릴 때는 계속해서 무언가를 마셔야 한다는 수칙을 잘 지켜야 한다. 그렇지 않으면 탈수증에 걸리기 십상이다. 하지만 나는 바로 전에 맥주를 마시며 쉬어서 시간이 지체 될 것이 염려되어 조헌정 목사님과 이야기를 하라며 자리를 떴다.

'띵감'은 우리말의 정감(情感)이다. 베트남에 "법은 없어도 살지만 띵감이 없으면 못 산다."라는 말이 있다고 한다. 혼잡하고 소음 많고 먼지 많은 거리에서 띵감을 느끼는 재미가 솔솔하다. 이곳에서 일상처럼 정을 표현하고 정을 주고받아야 한다. 상대방의 나이나 직업, 결혼 여부에 대하여 꼬치꼬치 묻는 것은 사생활 침해가 아니라 관심이며 띵감의 표현이다.

띵감과 함께 베트남인의 장점은 낙천성이다. 이것은 화합해서 일치하기에 좋은 덕성이다. 이들은 작은 마을공동체에서 옹기종기 살다 보니 서로 부딪치는 일도 많아서 갈등을 풀지 않고 가슴에 품고는 함께 살아 갈 수 없다. 그래서 금방 싸우고 금방 화해하는 데 익숙하다. 우리의 사고로는 이해하기 쉽지 않지만 베트남 사람들은 이혼 후에도 처갓집 경조사에 참여한다든지 이혼 후에도 시부모를 모시고 사는 일이 흔하다고 한다.

탄호아를 지나면서부터는 바다가 가깝다. 베트남 북부와 중국 남부 그리고 하이난 섬으로 둘러싸인 바다를 통킹만이라고 부른다. 통킹만은 북베트남 해상 전력의 요충지이다. 미국은 남베트남에 대해서 군사, 경제적 원조를 엄청나게 제공했음에도 새는 항아리에 물붓기였다. 상황은 미국이 애당초 마음먹은 대로 전개되지 않았다. 이제 남은 방법은 직접 개입이었다. 개입을 위해서는 명분이 필요했다. 늘 그렇듯이 명분은 필요하면 만들면 되었다. 그건 미국이 잘 할 수 있는 것이었다. 통킹만 사건이 그 대표적인 사건이다.

미 해군은 북베트남의 영해인 17도 선 북방으로 통킹만 연안을 계속 도발적으로 순찰하였다. 갑작스런 암살로 케네디가 서거하자 뒤를 이어 대통령이 된 존슨 대통령은 처음에는 베트남에 개입하기를 꺼렸다. 1964년 8월 2일 북베트남을 순찰 중이던 구축함 매독스호가 북베트남의 어뢰정 3척으로부터 공격을 받는 일이 발생하였다. 이 교전의 결과로 북베트남 해군은 어뢰정 3척이 손상을 입었고, 10명의 사상자를 남겼다. 미 해군은 구축함 1척과 항공기 1대에 경미한 피해를 입었고, 부상자는 없었다.

이틀 뒤 미국은 매독스와 터너 조이 구축함이 또 한 차례 공격을 받았다고 발표하였다. 베트남전쟁이 막바지에 이르고 미국 내에서 전쟁 반대 분위기가 확산되던 1971년 6월 뉴욕타임스는 8월 4일 두 번째 교전에 대해 베트남전쟁에 개입하기 위해 미군이 조작한 사건 이라고 보도했다. 이후 통킹만 사건 자체가 미국 자작극의 대명사처럼 인식되고 있다.

이른바 '통킹만 사건'이란 조작된 명분으로 시작된 베트남전쟁은 1975년까지 베트남을 온통 피의 광풍으로 물들인 현대사 최고의 비극이었다. 전쟁에 개입한 미국은 베트남에 미군을 증파했고 1968년 에는 미군 숫자가 50만을 넘었다.

스페인은 나폴레옹 전쟁과 내전으로 인해 대부분 식민지를 포기하는 상황이었으나, 아직 많은 부를 안겨주는 쿠바만은 포기하지 않았다. 미국은 혀를 날름거리며 입맛을 다시며 기회를 엿보고 있었다. 쿠바의 설탕은 모두 미국이 사들이고 있었다. 쿠바는 어느새 미국에 경제 및 전략적으로 중요해졌다. 당시 미국 대통령 매킨리는 쿠바 내의 미국인들을 보호한다는 명목으로 군함 메인을 보낸다. 쿠바의 하바나 항구에 정박 중이던 미국 군함 메인함(USS Maine)에서 갑자기 화염과 함께 폭발음이 나더니 배가 기울기 시작했다.

당시에도 천안함처럼 사고 원인에 대한 추측이 난무했지만, 스페인과의 일전을 준비하던 미국은 쾌재를 부른다. 언론들은 스페인의 공격으로 침몰했다는 기사를 쏟아내기 시작했고 대중들은 동요하기 시작했다. 스페인과의 전쟁을 원하는 여론이 다수였다. 2달 뒤 아무런 준비가 안 된 스페인에 준비된 미국이 공격을 시작하며 스페인, 미국 전쟁이 시작되었다. 단 한 번의 해전으로 스페인 함대는 전멸했다. 스페인은 식민지였던 쿠바는 물론 필리핀, 괌, 푸에르토리코를 미국에 넘기고 간신히 전쟁을 끝내게 된다. 쿠바는 카스트로가 해방시키기 전까지 미국인들의 도박, 매춘 관광지로 전락했다. 불행하게도 거짓과 조작의 역사는 반복된다.

존슨은 국민 지지가 낮은 것을 만회하려고 통킹만 사건을 조작하여 월남 파병을 이끌어내고 전쟁을 일으켜 얼마나 많은 베트남 인민이 비참하게 피 흘렸는가? 부시는 낮은 지지율에 이라크 전을 조작하였다. 우크라이나 대통령 젤렌스키가 바로 그런 사람이다. 국민 지지율이 낮은 대통령이 무슨 짓을 벌일지 심히 염려된다.

13 포(Pho)와 부대찌개

포(Pho)는 베트남의 우울한 현대사가 고스란히 녹아있는 음식이다. 베트남 전통 쌀국수에 프랑스 식민의 영향으로 소고기 고명을 얹혀서 베트남 북부 남딘에서 재탄생하여 남쪽으로 내려오는데 30년이 걸렸다. 전쟁이 끝나자 보트피플을 통해서 순식간에 세계로 확산되어 세계적인 음식이 되었다.

우리는 같은 아시아에 속하면서 중국, 일본에 대해서는 다양한 지식을 가지고 있지만, 여타 아시아 국가들은 잘 모른다. 베트남전쟁에 참전했지만, 곧 잊혀졌다. 베트남을 말할 때 떠오르는 것이 생머리를 길게 늘어뜨린 소녀가 아오자이를 입고 야자수 잎을 엮어 만든 베트남 전통 모자 '논'을 쓴 모습이다. '미스 사이공'이란 뮤지컬의 포스터가 그러하다. 그러나 '미스 사이공'은 세계 4대 뮤지컬이라는 이야기는 들어 익히 알지만 뮤지컬을 본 사람은 많지 않다.

그리고 우리는 담백한 베트남 국수와 보쌈을 좋아할 정도이다. 포(Pho)는 베트남의 우울한 현대사가 고스란히 녹아있는 음식이다. 베트남 전통 쌀국수에 프랑스 식민의 영향으로 소고기 고명을 얹혀서 베트남 북부 남딘에서 재탄생하여 남쪽으로 내려오는 데 30년이 걸렸다. 전쟁이 끝나자 보트피플을 통해서 순식간에 세계로 확산하여 세계적인 음식이 되었다.

음식까지 그 나라의 기구한 역사와 사람들의 모습이 고스란히 담겨있다는 사실이 자못 흥미진진하다. 우리나라의 부대찌개 역사와 얼마나 빼닮았는지! 우리나라에는 한국전쟁이 끝난 후 한국에 주둔한 미군 부대에서 몰래 빠져나온 햄과 소시지, 베이컨과 김치의 만남은 불륜에 가까운 것이었다. 여기서 부대찌개라는 어여쁜 사생아가 생겨났다. 탄생의 비밀이야 어찌 되었건 둘 다 자국 국민의 사랑을 듬뿍 받는 음식이다.

베트남을 달리다 보니 하루 두 끼는 이 포(Pho)로 해결하는 경우가 많다. 포가 세계적인 음식 반열에 들게 된 것은 가슴 아픈 역사가 있다. 지난번 지나온 닌빈 부근에 남딘이라는 도시에 프랑스 식민시대에 당시 인도차이나에서 가장 큰 섬유공장이 세워지면서 전국의 수만 명의 노동자가 몰려들었고, 그들이 가장 즐겨 먹던 음식이 쌀국수이다. 베트남 사람들은 쇠고기보다는 돼지고기와 어류로 단백질을 섭취해 왔다. 농경 국가인 베트남에서 가장 소중한 재산이자 일꾼이요, 가족 같은 소를 먹는다는 것은 일반 사람들에게는 상상도 할 수 없는 일이었다.

19세기 이후 프랑스 식민 시대의 남딘 섬유공장 부근에서부터 쇠고기가 가미된 쌀국수가 나타나기 시작했다. 남딘 섬유공장의 관리로 파견 온 프랑스인들이 쌀국수에 맛을 들이면서 하인인 베트남 주방장에게 그들이 좋아하는 쇠고기를 얹어 쌀국수를 만들도록 요구했기 때문이다. 자기들이 먹기 위해서는 도축을 할 수 없었지만, 프랑스인들의 요구에 따라 쌀국수에 소고기 고명을 얹었더니 새로운 맛의 향연이 펼쳐졌던 것이다.

베트남어로 쌀국수를 '포(Pho)'라고 하는데, 이 말도 프랑스어에서 유래되었다고 한다. 고기와 채소에 각종 향초와 후추 등 향신료를 섞어 만드는 진한 프랑스 야채수프인 '포토프(pot au feu)'가 '포'의 어원이라는 것이다.

전쟁이 끝나고 세상이 뒤집어지자 남베트남의 반공 인사와 고위 간부들 그리고 중국 화교 위주의 부유층 등이 베트남을 탈출하게 되었다. 보트피플은 200만 명 정도 추정하는데 도중에 질병과 배고픔, 배의 전복과 해적들의 납치 등으로 100만 정도만 엑소더스에 성공해 세계 각국에서 이민 생활을 하고 있다.

포는 미국과 캐나다에 정착한 보트피플에 할 수 있는 일이란 쌀국수 식당을 개업하는 일이었다. 그것이 단숨에 담백한 쌀국수와 소고기 그리고 야채의 조합에 인스탄트 식품처럼 신속하게 먹을 수 있고 싼 가격에 열심히 살아가는 베트남 사람들의 깊은 인상을 주면서 금방 퍼져나갔다.

베트남 음식은 1,000년 동안 중국의 지배를 받아서 중국의 영향을 많이 받았지만 100년 가까이 지배한 프랑스의 영향도 받았다. 아침이나 점심은 간단한 바게트 샌드위치와 커피를 즐기는 사람들이 많다. 마요네즈와 버터를 바르고 토마토, 양상추를 올려 먹던 프렌치 바게트 샌드위치가 당근, 계란, 간 고기, 두부 등 신선한 베트남 식재료와 만나 변형되어 탄생한 것이 반 미(banh mi)이다. 유래는 씁쓸하지만 맛은 일품이다. 베트남 사람들이 프랑스를 몰아냈지만 반미까지 몰아내지는 않았다.

남딘은 쌀국수의 본향일 뿐 아니라, 1973년 키신저와 함께 파리에서 평화협정에 서명한 레 둑 토의 고향이기도 하다. 그는 1969년부터 비밀리에 미국과의 강화회담에 나섰다. 그는 능수능란하게 키신저를 농락하면서 전황이 유리해질 때까지 지연작전을 폈다. 미국은 반전 여론에 쫓겨 서두를 수밖에 없었다. 키신저는 나중에 이렇게 회고했다. "레둑토는 때로는 완강하게, 때로는 교묘하게 협상 타결

을 3년여간 지연시켰고, 미국 언론에 모호한 말을 흘리면서 지연의
책임을 미국에 떠넘기곤 했다."

그는 세계 최고의 권위인 노벨평화상을 눈 한번 깜박거리지 않고
거절한 세계 유일의 사람이었다. "아직 나의 조국에 평화가 오지 않
았다."가 그의 수상 거부의 변이었다. 미국이라는 최강대국의 역사
상 최고의 국무장관으로 평가받는 키신저를 압도한 협상술과 의연함
에 고개가 숙여진다. 미국은 평화협정에 서명 후 철군을 시작했다.
평화협정은 사실상 항복문서였다.

예로부터 쌀은 생명의 원천이고 고유의 정령을 가진 존재로 신성
시되었다. 이곳 사람들은 가난한 사람들은 있어도 결코 배고픔에 시
달리지는 않았다. 그래서 곳간에서 인심난다고 넉넉하며 사람들이
각박하지 않다.

사마천의 『사기』, 『초식열전』 편에 "초와 월 지역은 땅이 넓고 인
구가 적으며 쌀로 밥을 해먹고 물고기로 국을 끓여 먹으며 불로 땅을
갈고 물로 김을 매는데, 과일은 고동과 조개 위로 떨어지니 장사꾼을
기다리지 않아도 먹을 것이 족하다."고 했다. 이 월나라는 중국의 복
건과 광동에 베트남 북부까지 포함한 나라였다. 우리가 아는 '오월동
주' 고사 속에 나오는 나라이다.

'불이 땅을 갈고 물이 김을 맨다.'라는 말은 불을 놓아 화전을 하
면 땅은 부드러워 쉽게 여자들도 농사를 짓고 논에 물을 대면 잡초는
물속에서 죽어 없어진다는 말이니 쉽게 농사지어 배불리 먹는 풍요
로운 삶을 엿볼 수 있다. 그런데 베트남의 논과 밭에선 여자들의 모

습 밖에 안 모인다. 남자들은 카페에 모여 수다를 떨거나 맥주를 마시며 카드놀이를 하고 있다.

길을 지나다보니 옆에 잔치가 벌어진 모양인듯 사람들이 먹고 마시고 왁자지껄 떠들썩하다. 한 사내가 나를 보고 이리 오라고 소리를 지르니 다른 사람들이 보고 함께 부른다. 다른 문화에 대하여 잔뜩 호기심을 가지고 있는 내가 마다 할 이유가 없다. 다가가니 나를 부른 사내가 의자를 비우고 앉으라 한다. 다른 사람이 술잔을 손에 쥐어주더니 술을 따른다.

베트남의 장례는 가족의 경제력을 넘어서는 일종의 허례허식이라고 한다. 윤회 과정을 거쳐 환생을 하는데 이승보다 나은 삶을 위하여 가족은 고품격의 장례 행위를 통해 환생자의 신분을 높여지기를 바란다. 산소에서 장례를 마치고는 다시 마을 주민들에게 감사의 잔치를 벌인다. 공동체가 함께 해준 덕분에 장례가 무사히 끝났고, 고인도 지금보다 더 좋은 곳에서 새로운 삶을 살 수 있게 되었음을 감사하는 것이다. 49재는 고인을 모신 제단에 매일 향을 피우는 의식이다. 이것이 끝나면 다시 공동체의 협조로 모든 의례를 무사히 치렀음을 감사하는 잔치를 벌인다.

14 무엇이 진실일까요?

북위 17도 선을 경계로 북쪽에는 마르크스 레닌주의에 입각한 호찌민의 북베트남이, 남쪽에는 공산주의 세력의 남하를 염려하는 미국의 지원을 받아 베트남 공화국이 수립되었다. 이제 호찌민의 목표는 독립이 아니라 통일 쪽으로 바뀌었다. 그것은 미국이나 프랑스 등의 열강으로부터 진정으로 독립하는 것이었다.

베트남 사람들이 낮잠을 잔다고 게으르다는 것은 현지 날씨를 고려치 않은 오해이다. 사람들은 역동적이고 친절하며 띵감이 넘쳤다. 베트남의 아침은 이르다. 학교는 6시 45분이면 시작하고, 직장은 8시에 시작한다. 그 대신 점심시간은 2시간이다. 주 6일 근무하고 국경일도 많지 않다. 베트남의 고도성장은 이유가 있다는 이야기이다.

자연은 깊고 풍요로웠고 들판은 산이 보이지 않을 만큼 끝없이 펼쳐졌다. 농부들은 부지런하고 일터로 향하는 오토바이 행렬은 용의 움직임처럼 웅대했다. 사람들은 대체로 날씬하지만 들판에 풀을 뜯는 소나 염소는 포동포동하다. 과거는 상처투성이지만 미래가 약속된 희망의 땅이다. 거리마다 용틀임 같은 힘찬 기운이 움터 올랐다.

어제 점심을 먹는데 옆자리에 앉은 젊은이가 인사를 한다. 자기는 한국에서 조선소에서 용접 일을 5년 동안 하다 돌아왔다고 한다. 그러면서 나갈 때 우리 점심값을 계산하고 나갔다. 아침 시간에 잠깐 쉬러 간 곳에서는 젊은이가 부인과 어머니, 아이들, 여동생과 아침을 먹고 있더니 나보고 식사를 하면 자기가 계산하겠다고 식사를 하란다. 나는 배는 안 고프고 음료수만 한 잔 마시겠다니 아쉬워하며 그것이라도 계산한다고 한다.

조금 쉬고 일어나 달리자 곧 배가 고파서 쌀국수를 먹으러 들어갔다. 나는 급하게 먹고 조 목사님에게 "더 조금 쉬고 따라오세요."하고 일어섰다. 조 목사님 전언에 따르면 음식값 10만 동이 나와서 계산하고 떠나려 하자 여비에 보태 쓰라며 30만 동을 주더란다. 이쯤

되면 우리의 평화달리기가 국제적인 민초들의 성원과 지원을 받아가면서 순항하고 있는 것이 분명하다.

'평화의 바람아 조금만 더 세게 불어라!'

제2차 세계대전이 끝나자 1945년 베트남 공산당을 이끌던 호찌민이 북쪽 베트남민주공화국을 수립하여 바딘 광장에서 독립선언을 하지만 언제나 그렇듯이 역사의 전환은 그렇게 쉽게 다가오지 않았다. 프랑스는 제국주의의 본성을 버리지 못하고 일본 패망 이후 다시 인도차이나의 지배자로 들어오고 미국은 그 배후 역할을 했다.

1953년 11월 프랑스는 홍 강 삼각주 일대에서 라오스로 가는 길목을 차단하려는 작전의 일환으로 디엔 비엔 푸에 기지를 설치하였다. 70년 전 베트남의 젊은이들은 '민족혼'을 되살리겠다는 의지 하나만으로 험준한 산속으로 몰려들었다. 아니 그것 하나만은 아니었을 게다. 프랑스군들이 마을을 불태우고, 여인들을 강간하고 재산을 약탈해 가는 것을 보고 끓어오르는 분노로 가득했으리라.

마약, 매춘, 알코올, 노예 노동과 학교보다 감옥이 더 많은 차별과 모멸로 점철된 야만적이고 혐오스러운 통치를 다시는 받지 않겠다는 결의로 가득 찼을 것이다. 그들의 투쟁은 처절하리만큼 강렬했다. 아무도 억지로 그들을 피 튀기는 전장에 내몰지 않았다. 그들의 병력은 전투가 계속되고 희생자가 늘어날수록 오히려 아메바의 분화처럼 분대에서 소대, 소대에서 중대, 중대에서 대대. 마침내 사단으로 병력이 오히려 늘어났다. 네이팜탄의 위험 속에서 전투병은 하루에 험준한 산악을 50km를 행군했고, 부녀자와 어린이들은 군수품을 날랐다.

미국의 지원을 받은 프랑스군은 베트남이 공격해 올 경우 압도적인 화력으로 적을 박살 낼 계획이었다. 그러나 붉은 나폴레옹이라고 불린 보 응우옌 지압 장군의 5만 명의 병력으로 2개월의 전투 끝에 1만 6천여의 프랑스군 중 1만여 명의 사상자를 내고 항복을 이끌어냈다. 프랑스군에게 치욕을 안기고 베트남은 독립을 이루어낸 환희의 순간이었다.

보 응우옌 지압 장군은 군사력으로 정치적 수완을 지닌 팜 반 동 수상과 함께 호찌민의 왼팔 오른팔 역할을 했다. 디엔 비엔 푸는 베트남 북서쪽에 있는 작은 도시이지만 1차 인도차이나 전쟁 당시 프랑스군을 괴멸시킨 승리의 영광을 기억하고 있는 기분 좋은 기억을 담고 있는 도시이다. 아시아 문명이 기독교 서구 문명을 물리친 최초의 승리였다. 비유럽 국가가 유럽의 현대화된 군대를 상대로 게릴라전을 펼쳐 물리친 최초의 전투로 역사가들은 기록하고 있다. "강한 일체감을 가지고 있는 2천 4백만여 명의 민족을 프랑스의 무력으로 진압할 수 없었다."

결국 프랑스는 디엔 비엔 푸 전투의 패배로 물러나며 제네바 협정을 맺게 된다. 베트남은 1954년 강대국들의 제네바 협정으로 남북으로 분할되었다. 제국주의자들에게 가장 유용한 식민지 통치 방법은 분할하고 쪼개서 통치하는 것이다. 힘의 결집을 막기 위해서이다. 지역을 나누기도 하고 계층을 나누기도 한다. 영향력 있는 집단에 시탕발림 식 권력을 나눠주고, 이권을 나눠준다. 기득권을 가진 자들은 기득권을 놓치지 않으려 기를 쓰고 충성을 한다. 이렇게 상호 불신과 분열이 조장하면 손도 안 대고 코를 풀 수 있다.

1954년 디엔 비엔 푸 전투에서 참혹한 패배를 당한 프랑스군은 10월 19일 하노이 통제권을 보 응우옌 지압 장군의 수도연대에 넘겨주고 도시를 떠났다. 프랑스 철수 이후 베트남 문제를 다룬 스위스 제네바 협약으로 북베트남의 베트남민주공화국 지위를 인정하고 북위 17도선을 경계로 베트남을 분리하되, 2년 안에 남북 총선거를 해 베트남 민중이 선택한 통일정부를 구성하는 것이었다.

북위 17도선을 경계로 북쪽에는 마르크스 레닌주의에 입각한 호찌민의 북베트남이, 남쪽에는 공산주의 세력의 남하를 염려하는 미국의 지원을 받아 베트남 공화국이 수립되었다. 이제 호찌민의 목표는 독립이 아니라 통일 쪽으로 바뀌었다. 그것은 미국이나 프랑스 등의 열강으로부터 진정으로 독립하는 것이었다.

골치가 지끈지끈해진 건 미국이었다. 당시 소련과 이념대결이 한참인 미국은 베트남이 공산화 되는 것을 두고 볼 수 없었다. 패권 유지를 위해서는 독재정권도 지지하는 미국이었지만, 제네바 협정에 의해서 2년 내 총선으로 통일을 약속한 규정을 따를 수가 없었다. 남베트남에서 투표를 통하여 호찌민을 이길 사람은 아무도 없었기 때문이다.

미국은 처음 프랑스의 지원에 의해 국가주석이 되었던 마지막 왕조 응우옌의 바오 다이 황제를 밀었다. 그러나 그의 방탕한 생활로 민심이 이반하여 미국이 바오 다이 대신 괴뢰 정권 수장으로 내세운 이가 바로 응오딘 지엠이었다. 그는 한때 프랑스 식민통치에 반대하여 독립운동가로서 명성이 자자하였다.

　초대 대통령이 된 응오딘 지엠은 부패한 군벌을 일소하고 경제성장을 이끄는 등 업적도 있었으나 초심을 잃어버리고 토지개혁을 거부하고, 대다수가 불교 신자인 베트남에서 가톨릭 우대 정책을 펼치며 족벌 정치 등 무능하고 타락한 독재자가 되면서 스스로 정치적 무덤을 팠다. 지엠 정권은 특히 농촌에서 민심을 빠르게 상실했다. 1960년 남베트남에서 응오딘 지엠의 독재에 맞서 남베트남 민족해방전선이 자생적으로 결성되었다. 일명 베트콩이다.

　1963년 11월 1일 사이공에는 요란한 총성이 울렸다. 쿠데타가 발생한 것이다. 응오딘 지엠은 압송 도중 사살되면서 파란 많은 인생에 마침표를 찍었다. 그 후 수차례 군부 쿠데타가 일어나고 사실상 남베트남은 미국에 의해 간신히 명맥이 유지되는 수준이었다. 미국은 남베트남 정부에 모든 것을 맡기고 바라보고 있을 수만 없는 처지에 빠지자 개입의 명분을 찾던 미국은 통킹만 사건을 일으켜 지상군을 파견하게 된다. 베트남을 지옥으로 몰고 가는 서곡이 소름끼치도록 으스스하게 울려 퍼졌다.

　1964년 8월 2일 휴가를 즐기던 미국인들은 호외를 집어 든다. 베트남 통킹만 해상에서 정찰 중이던 미국의 구축함 매독스가 북베트남의 어뢰정 공격을 받았다는 기사였다. 그리고 불과 2일 뒤인 8월 4일 구축함 조이터너 함 역시 공격을 받았다고 발표했다. 두 번째 공격에 관한 전문을 받고 존슨 대통령은 즉각 전면적인 보복 공격을 지시했다.

1971년 뉴욕타임스는 미 국방성의 비밀보고서를 입수해 통킹만 사건의 조작을 최초로 폭로했다. 즉 첫 번째 매독스 호 어뢰공격은 존재했으나, 미국의 참전에 결정적인 역할을 했던 두 번째 공격은 없었다는 것이 밝혀진 사실이었다. 당시 국방장관이었던 로버트 맥나마라도 일부 시인했다.

1965년 말 18만 4천여 명의 미군이 베트남에 들어온 것이다. 이듬해 한 해 만에 미군은 그 두 배인 32만 명으로 증강한다. 1968년에는 그 숫자가 54만에 이르게 된다. 미국의 전쟁 명분은 '자유, 민주주의, 자결권'이었지만 공산주의의 남하는 미국의 세계 패권과 냉전에서의 승리를 위협하는 것을 의미하기 때문에 미국으로서는 그냥 바라만 볼 수 없었다.

미국은 캄보디아의 크메르루즈가 자국민을 대규모 무차별 학살한 이른바 '킬링필드'의 만행을 자행하도록 방치하기도 했다. 2010년 위키리스크의 창립자 줄리안 어산지가 폭로한 문서에는 이라크, 아프가니스탄 등 중동에서 미국은 민주주의보다는 독재정권과 결탁하면서 자국의 이익과 패권의 극대화를 우선했다. 미국이 패권을 유지하는 동안 세계인은 고통을 받았다. 특히 남미의 가난과 고통을 생각해 보라! 그러니 차라리 "American First"를 공개적으로 부르짖는 트럼프는 차라리 솔직한 정치인인 셈이다.

구소련, 중국, 북한으로 이어지는 공산주의의 확산은 일본, 남한, 대만, 남베트남으로 이어지는 방위선을 위협할 것이 뻔했다. 만약 남베트남이 공산화가 된다면 인도차이나 전체가 공산화가 될것이 불을 보듯 훤했다. 미국의 케네디 대통령은 남베트남 정권에 대한 지원을 강화한다. 미국은 남베트남에 주재하는 군사요원을 61년 3천 명 수준에서 63년 1만 6천여 명으로 늘리고 남베트남 병력을 24만여 명에서 무려 51만 명으로 증강시킨다.

포연이 사라진 후, 미국은 자신들의 인명피해를 정확히 계산했다. 5만 8천여 명 사망, 3십만 5천여 명 부상. 그런데 그에 맞서 싸우던 베트남은 사상자 규모를 정확히 계산할 수 없었다. 단지 3백 5십만에서 4백만 정도가 사망한 것으로 추정할 뿐이다. 사망자 대부분은 민간인이었다. 당시 베트남 인구는 4천 5백만이었다.

왜 미국이 원치 않는 더러운 전쟁에 깊숙이 개입하게 됐는지는 1971년 뉴욕타임스가 폭로한 펜타곤 기밀서류에 잘 나타나 있다. 그 내용에서는 "베트남전쟁은 미국 정부, 미국의 방위산업체, 그리고 광신적 반공주의자들이 결탁한 침략 전쟁이었다."고 폭로하였다. 그러나 베트남인들에게 이 전쟁은 자주독립을 쟁취하여 평화롭게 살아갈 권리를 쟁취하기 위한 성전이었다.

반공성전, 더러운 전쟁, 항미 전쟁으로 각각 다르게 불리는 베트남전쟁. 과연 무엇을 위한 전쟁, 무엇이 진실일까?

15 비무장지대로 가자!

냉전의 차가운 피가 혈관에 흐르는 미국 워싱턴 인사들은 테이블에 앉아 권련을 입에 물고 위스키 잔을 기울이며 카드를 돌리면서 폭격명령을 하달했을 것이다. 그 명령은 즉시 집행되었다. 1966년 미국은 북부베트남에 엄청난 규모의 공중폭격을 했다. DMZ 바로 북쪽 한적한 바닷가 마을에 있는 빈목 사람들은 무지막지한 폭격을 피해 살아남기 위해 땅굴을 파고 숨어들어야 했다.

지난 비로 길 양 편의 논은 넓은 바다처럼 물에 잠겼다. 철없는 아이들은 낚싯줄을 던지고 있었고, 고기들도 물난리에 정신없이 덥석덥석 낚싯밥에 입질하다가 생을 마감하게 생겼다. 생과 사는 어느 곳에도 있다. 생과 사는 같은 공간에 있고 같은 시간에 공존하고 있다. 거리에는 하루에도 몇 번씩 영구차가 지나가고 또 결혼식이 열린다. 살아 있는 나는 길 위를 달리고 있고, 죽은 아버지는 나를 통해서 살아생전 가보지 못한 고향 땅을 기필코 밟아보려 두려운 내 발걸음을 재촉한다.

두려움이라는 어둠은 내 가슴속에 솟아오르는 뜨거운 열망에 자리를 내어준 지 오래다. 길 위에 쥐와 뱀의 사체가 즐비하다. 홍수가 나서 땅속에 살던 쥐와 뱀들은 삶의 터전을 잃고 살아보려고 길 위에 올라섰다가 차와 오토바이에 깔려 압사 당했다. 50여 년 전 사람들은 B-52 폭격기의 폭탄의 홍수를 피하려 땅속으로 파고들었다. 이곳 빈목 터널의 지반은 대부분 석회암이라서 비교적 땅굴을 파기 용이했다고 한다. 삽으로 지하 23m까지 파고 들어갔다고 하니 놀라울 따름이다.

우리 일행은 오스트레일리아 관광객을 안내하는 가이드를 따라갔다. 가이드의 안내에 따라 핸드폰 손전등을 켜고 비좁은 지하 터널로 들어갔다. 지하 터널은 미로처럼 연결되었고 입구 근처에는 보초가 서있을 공간이 있었다. 어둡고 암울한 터널 안에서도 삶은 이어졌다. 가족이 함께 생활할 수 있는 공간이 있었다. 이 안에서도 새 생명은 태어났고 노인은 보호 받았다. 모여서 회의를 할 수 있는 회의실과 그 와중에도 미래를 이끌어갈 아이들이 배움을 계속할 공간이 필요했다.

마을 주민 60가구, 총 300명이 살았으며, 이곳에서 17명의 아이가 태어났다고 한다. 마을 사람들은 미군의 공습을 피해서 1965년부터 땅굴을 파기 시작하여 미군철수가 가시화된 1972년까지 살았다. 미군의 무차별적인 폭탄 홍수로 지상에서는 도저히 살 수가 없게 되자, 마을 주민들은 두더지 같은 삶을 선택했다. 아예 지하로 옮길 계획을 세우고 땅굴을 파서 지하에 생활 시설을 만들고 지냈다고 한다.

땅굴 속에는 가구별로 생활공간이 있고, 공동 식당과 회의장, 그리고 지하수가 흐르는 곳에 우물과 수세식 화장실 그리고 병원까지 갖추고 있는 그야말로 지하 도시였다. 이곳에도 죽음이 있었고, 17명의 아이가 태어났다고 한다. 밖으로 나오니 바로 푸른 물이 넘실거리는 바닷가이다. 안에서 먹먹하던 가슴이 금방 바다를 보니 가슴이 활짝 펴진다.

주위에 미군 폭격으로 파인 웅덩이에는 아직도 그때의 아비규환의 소리가 웅웅거릴 뿐이었다. 역사관 전시실 입구에는 '삶과 죽음'이란 제목의 부도가 서 있었다. 공중에서 폭격하는 비행기와 그 밑에서 폭격을 피하며 살기 위해 몸부림치는 사람들 모습 형상화한 작품이다. 'TO BE OR NOT TO BE!', '죽느냐 사느냐 그것이 문제로다.' 셰익스피어의 햄릿이 중얼거리는 대사이다.

냉전의 차가운 피가 혈관에 흐르는 미국 워싱턴 인사들은 테이블에 앉아 권련을 입에 물고 위스키 잔을 기울이며 카드를 돌리면서 폭격명령을 하달했을 것이다. 그 명령은 즉시 집행되었다. 1966년 미국은 북부베트남에 엄청난 규모의 공중폭격을 했다. DMZ 바로 북쪽 한적한 바닷가 마을에 있는 빈목 사람들은 무지막지한 폭격을 피해 살아남기 위해 땅굴을 파고 숨어들어야 했다.

지난 10월 1일 호찌민 영묘에서 출발한지 20일 만에 베트남을 남북으로 갈라놓았던 북위 17도 선이 있는 동하에 다다랐다. 꽝찌 성의 성도 '동하'는 우리의 파주와 같은 17도선 아래 남베트남의 첫 도시였던 곳이다. 남과 북을 뱀처럼 휘돌아 흐르는 싯누런 벤하이 강을 따라 월남과 월맹을 가르는 군사분계선이 설치되었다. 벤하이 강의 남북 각각 5km 너비의 비무장지대를 정하였고 남쪽에는 미국 해병대 3사단이 주둔하던 곳이다. 그 바로 위에는 베트남 인민군이 4만여 명이 대치하고 있었다. 이곳은 1972년 3월 31일 부활절 공세에 베트남 인민군에게 넘어갔다.

우리는 방금 전 벤하이 강을 가로 질러 놓은 히엔 르엉 교를 건너왔다. 이 다리는 남북이 갈리면서 분단을 상징하는 '돌아오지 않는 다리'로 21년을 보냈지만 지금은 다시 이어진 다리! 히엔 르엉 교를 건널 때는 만감이 교차했다. 다리 중앙의 남과 북을 가르는 군사분계선에 서서 조헌정 목사님과 나는 문재인 대통령과 김정은 위원장의 악수장면을 재현했다.

난간은 정확히 반으로 나눠 남쪽은 노란색, 북쪽은 파란색 페인트가 칠해져 있다. 이곳에도 판문점처럼 전쟁당사국인 미군과 북베트남이 만나 회담하던 장소가 서로 억지 주장만 늘어놓던 장소답게 휑

하니 서있었다. 마음이 갑자기 울적하여 문익환 목사 작사의 '비무장
지대로 가자!' 노래를 흥얼거려 본다.

> 비무장지대로 가자 비무장지대로 가자
> 얼룩진 군복은 벗어라 여기는 비무장지대라
> 비무장지대로 오라 비무장지대로 오라
> 따발총 계급장 버리고 오라 비무장지대로
> 팔씨름 샅바씨름 남정네들은 힘겨루기
> 널뛰기 그네타기 너울너울 춤추며
> 너희는 백두산까지 우리는 한라산까지

　베트남의 북위 17도 선에 서서, 해방을 맞이했지만 외세에 의해
멋대로 그어진 한반도의 북위 38도선을 머리에서 지워본다. 하나의
나라가 되어 살을 부비며 평화롭게 살았어야 할 사람들이 서로 총부
리를 겨누어야 했던 통곡할 역사! 과연 내 발자국은 38선의 끝자락
이라도 지우는데 이바지할 수 있을까? 휴전선을 원한 품고 흐르는
임진강과 임진강 독개다리는 끊어진 채 이어질 줄 모르고 아쉬운 발
걸음만 멈추게 하네!

　먹구름이 몰려오더니 금방 어두워진 하늘에서 내리는 빗줄기가
점점 굵어졌다. 계속 비는 쫄딱 맞으면서 달리고 있지만 운 좋게도
홍수가 나보다 몇 발 앞서갔다. 지금은 다낭 쪽에서 태풍이 몰려온다
는 뉴스이다. 과연 이 여정 내내 나는 계속 운이 좋을까? 아스팔트
위에서 쥐포가 되어버린 쥐들과 뱀의 사체들! 나는 실패한 인생을 살

앉지만 운 좋게 전쟁의 고통을 겪어보지 않았다. 과연 나는 여생도 운 좋게 전쟁의 참화를 겪지 않을 수가 있을까? 바라건대 우리 후손들도 평화로운 세상에서 마음껏 저마다의 재능을 뽐내며 살 수 있기를!

"인생은 폭풍우가 지나갈 때를 기다리는 것이 아니다. 비가 내리는 중에서 춤을 추는 법을 배우는 것이다."

16 "모든 발걸음마다 평화, Peace is every step"

내가 이 도시에서 가장 가보고 싶은 곳은 이끼 낀 왕궁, 빛바랜 옛 영광이 아니라, 틱 낫 한 스님의 체취가 서려 있을 뚜 히에우 사원이다. 꼭 살아계실 때 뵙기를 갈망했지만 올 1월에 열반에 드시고 말았다. 갈등과 대립, 분열이 점점 극으로 치닫는 작금의 시대 상황을 생각할 때 그의 입적은 깊은 아쉬움으로 남는다.

먼 훗날 내리는 비

어둠이 가시지 않은 새벽
오늘도 서슴없이 빗속에 뛰어든다.
먼 훗날 내리는 비를 나는 알고 있다.

1번 국도 위에 폭탄이 비 오듯 쏟아지던 날
무명용사의 묘지 한 귀퉁이에 잠들어 있는
그도 훗날 내리는 비의 의미를 알고 있으리!

비에 젖어 번져가는 나의 발자국 소리
그것을 암시하는 것
오늘도 눈 비비며 일어나 키 큰 나무 아래서
젊은이들과 함께 축복의 비를 맞는
그날을 위해 달려야 한다.

나는 달리면서는 우비를 입지 않는다. 어차피 비에 젖으나 땀에
젖으나 마찬가지이다. 오히려 비에 젖으면 상쾌하지만 땀에 젖으면
쾌쾌한 냄새가 나서 불쾌하다. 그런데 바람까지 심하게 부니 체온이
떨어진다. 뇌경색 환자인 나는 체온이 떨어지면 위험하다. 가게에 들
어가서 일회용 우비를 사서 배꼽 위 10cm를 쏭당 가위질을 하고 입
었다. 심장 부분만 체온 유지를 하는 궁여지책이었다.
  찢어진 비닐 쪼가리를 입고 빗속을 달리는 내 모습이 안타까워 보
였던 모양이다. 오토바이를 타고 지나가던 할머니가 옆으로 다가오

더니 시꺼먼 하늘을 가리키며 나를 막 나무란다. 나는 상대방이 무슨 말을 하려는지 눈치로 알아들었는데, 내가 왜 우비를 쏭당 가위질을 해서 입었는지 설명할 방법이 없었다. 난처한 나는 가던 길을 계속 가고 있었다.

안 보이던 할머니가 오토바이를 타고 다시 좇아왔다. 우비를 가게에서 사온 것이다. 다시 시커먼 하늘을 가리키며 입으라고 막무가내이다. 나는 사양했지만 억지로 떠넘겨서 받아가지고 유모차에 넣었다. 그 할머니는 화가 나서 말 안 듣는 손자에게 하듯이 나의 어깻죽지를 한 대 갈기며 빗속으로 사라져버렸다.

그리고 좀 달리는데 한 젊은이가 또 내게 달려온다. 그의 손에는 우비와 빵이 들려있었다. 이번에도 나는 설명할 방법이 없어서 조금 전 할머니에게 받은 우비를 꺼내 보여주고 우비가 없어서 안 입는 것이 아닌 것을 설명하는데 성공했다. 그럼 빵이라도 받으라고 해서 빵을 받고 "깜언!"하고 두 손을 모았다. 빗속을 뛰어가는 모습이 꽤나 불쌍해 보였나 보다. 그런데 오후가 되어 바람이 더 세차게 불고 기온이 더 떨어져 결국 할머니가 준 우비를 꺼내 입지 않으면 체온이 떨어져 자칫 위험해질 상황이 벌어졌다. 나는 체온이 떨어지면 혈관이 수축되어 위험한 뇌혈관 질환자이다. "할머니, 깜언!"

마침내 베트남의 마지막 왕조인 응우옌 왕조(1802~1945)의 수도였던 '후에'에 도착했다. 예전에는 '평화의 도시'라는 뜻의 딴 호아(Than Hoa)로 불리기도 했던 후에에는 이끼 낀 옛 왕궁만이 해자에 둘러싸인 채 휑하니 서 있었다.

16세기 후반 응우옌 왕조와 쩐 왕조가 각각 남과 북을 차지하였고 오랜 시간 동안 대립하였다. 19세기 초 응우옌 왕조는 남쪽의 캄보디아 영토이던 지금의 호찌민시가 있는 메콩강 유역의 땅을 프랑스의 도움으로 차지하여 오늘날 베트남 영토의 모습을 형성하였다. 그런데 세상의 공짜가 어디 있겠는가? 신라가 당나라의 도움으로 삼국을 통일한 역사와 비슷하다. 이후 그 대가로 프랑스 제국주의에 주권을 빼앗기고 식민지의 나락으로 빠졌다.

내가 이 도시에서 가장 가보고 싶은 곳은 이끼 낀 왕궁, 빛바랜 옛 영광이 아니라, 틱 낫 한 스님의 체취가 서려 있을 뚜 히에우 사원이다. 꼭 살아계실 때 뵙기를 갈망했지만 올 1월에 열반에 드시고 말았다. 갈등과 대립, 분열이 점점 극으로 치닫는 작금의 시대 상황을 생각할 때 그의 입적은 깊은 아쉬움으로 남는다. 베트남의 사찰에는 부처님만 있지 않고 법당 옆에 모신을 모신 푸라는 건물이 있고, 입적한 그 절의 주지스님을 모시는 나또라는 공간이 있다. 그의 영정 사진은 천진난만한 어린왕자의 모습이었다.

틱 낫 한 스님은 티베트 망명정부를 이끄는 달라이 라마와 함께 생불로 불렸다. 그는 선승이며, 시인이며, 사상가이며, 전쟁의 부당함을 전 세계에 알리며 종전운동을 벌인 평화운동가였다. 그는 진정한 평화운동가로서 베트남 전쟁 당시 수많은 사람이 죽어갈 때 당신께서 몸소 시체를 거두면서 '세상에 진정한 평화가 와야 한다.'라는 원력을 세웠다.

그는 조용히 정원을 가꾸고, 가르침과 수행을 펼치면서 100권이 넘는 책을 저술한 베스트셀러 작가이기도 하며 환경운동가이다. 그는 내게 영혼을 울려주는 시처럼, 음악처럼, 종소리처럼 법문을 들려주는 이야기꾼이며 영적 스승이다. 그는 내가 원불교를 만나기 전 어떻게 부처를 만날 수 있는지 가르쳐주었고 부처를 만나면 어떻게 대하여야 할지 가르쳐주었다.

그는 1961년 미국 프린스턴 대학의 초청으로 펠로우쉽 장학금으로 공부를 하며 강연하였다. 1966년 두 번째 미국 방문했을 때는 전쟁의 원인 제공자 미국 정부에 5개 항목의 평화제안서를 발표하였다. 이것은 북베트남 정권의 심기를 건드려 이후 조국 베트남에 돌아가지 못하였다. 귀국을 허락받은 것은 늙고 병들은 다음이었다. 그는 고향인 후에의 뚜 히에우 사원에서 말년을 보냈다.

"석 달만 다녀오려고 떠난 여행이었습니다. 베트남전쟁의 피해와 부당함을 알리려면 직접 전쟁 당사국인 미국에 가서 그곳 사람들에게 호소해야겠다고 떠났습니다. 그 후 40년 가까이 고향을 찾지 못했지요."

그는 3년간 미국에 머무르면서 마틴 루터 킹 목사, 토마스 신부, 대니얼 베리건 신부, 반전 가수 존 바에즈 등과 교류하였다. 세계평화를 위해서 그는 서양에 불교적 평화와 자비 사상을 전하면서 1982년 프랑스 보르도 인근에 명상공동체인 '플럼 빌리지'를 만들었다. 그는 명상을 하는 동안 우리가 일상 속에서 고요하고 맑은 눈으로 마음을 모아 생활하도록 격려하셨다.

> "우리는 대개 어디론가 가기 위해서 걷습니다. 그러다 보면 걷는 이 순간은 사라지고 오직 목적지만이 마음을 사로잡습니다. 걷는 것은 그 자체로 중요합니다. 어디엔가 도달하기 위해서 걷는 것이 아니라 걸어가는 발걸음 한걸음마다 평화로움을 채울 수 있다면 그것이 바로 깨달음입니다. 무엇이 되기 위해서 살아가는 것이 아니라, 살아 있는 아름다운 순간순간을 즐길 수 있는 것, 그것이 바로 삶의 축복입니다."

나는 무엇이 되기 위하여 달리지 않았다. 달리다보니 평화마라토너로 불리게 됐다. 평화는 내딛는 발걸음에 이미 있다. 발걸음에 간절한 마음 실리고, 간절한 소망을 안고 이렇게 달리면 발자국마다 꽃무늬로 바뀔 것이다. 나는 평화를 찾기 위해서 세상에서 제일 먼 길을 달렸다. 하지만 틱 낫 한 스님은 '평화는 바로 여기 지금, 우리 안에 그리고 우리가 하는 일, 보는 일 모든 것에 깃들어 있다.'고 설파하셨다.

또한 "삶은 고통으로 가득차 있지만, 푸른 하늘, 햇빛, 아이의 눈과 같은 경이로움으로 가득하다. 고통만이 전부는 아니다. 우리는 삶의 수많은 경이로움을 만나야 한다. 그것들은 그대 안에, 그대 주위의 모든 곳에, 그리고 언제 어디에나 존재한다."고 말했다.

나의 마라톤이 그러하다. 고통만 있는 것이 아니라 그 안에 지금껏 경험하지 못했던 경이로움이 있다. 나 자신을 상실하게 만들었던 속도에 저항하여 느리게 달리면서 다시 세상 속으로 들어갈 준비를 한다. 다른 건 몰라도 '바로 지금 내가 하는 일, 평화를 찾기 위해서 달리는 일'에 평화가 있다고 생각하기에 나는 달리는 일에 오늘도 기쁨으로 최선을 다한다.

17 사랑과 전쟁

호수와 같이 내륙으로 깊숙이 들어와 바다 특유의 야성을 잃어버린 차분하고 정숙한 바다! 회랑처럼 좁은 길목만의 베트남의 남북을 이어준다. 아니다. 완벽하게 이어주었으면 바다가 아니라 호수였을 테지! 짧은 다리만이 남북을 이어준다. 쯔엉썬 산맥과 좁은 회랑에 둘러싸인 바다가 운무에 뒤덮여 비경을 보여줄 듯 보여주지 않는다.

랑코베이는 바다와 숲이 우거진 웅장한 산의 조화로운 아름다움을 가지고 있다. 호수와 같이 내륙으로 깊숙이 들어와 바다 특유의 야성을 잃어버린 차분하고 정숙한 바다! 회랑처럼 좁은 길목만의 베트남의 남북을 이어준다. 아니다. 완벽하게 이어주었으면 바다가 아니라 호수였을 테지! 짧은 다리만이 남북을 이어준다. 쯔엉썬 산맥과 좁은 회랑에 둘러싸인 바다가 운무에 뒤덮여 비경을 보여줄 듯 보여주지 않는다.

엊저녁까지 나는 하이번 고개를 넘는 대신 터널을 자동차를 타고 이동하는 것으로 결정하였다. 조헌정 목사님이 억수로 내리는 비속에 하이번 고개를 넘는 것은 무리라는 의견이었다. 게다가 얼마 전 태풍으로 산사태가 여러 군데 나서 위험하다는 소리를 못 이기는 체하고 따르기로 하였다. 새벽에 일어나 폭우 속을 달리다 보니 전투력이 다시 살아난다.

그건 아니다. 몸이 불편한 것을 핑계 대고, 날씨 핑계대고, 지형 핑계 대다보면 핑계거리는 수 만 가지도 넘는다. 가자! 무소의 뿔처럼 앞만 보고 가자! 가다 넘어지고 자빠져도 다시 훌훌 털고 일어나는 모습을 보여야 감동이 있지! 감동을 잃어버리면 내 평화마라톤은 단팥 없는 찐빵이 되고 만다. 나는 빗속을 뚫고 하이번 고개를 넘기로 했다.

하이번 고개에 있는 해운관은 베트남의 남과 북을 나누는 관문으로 해발 1,172m이다. 베트남 서부를 남북으로 길게 뻗은 쯔엉썬 산맥이 이곳에서 동쪽으로 뻗어나가 하이번 고개가 된다. 디스커버리 선정 세계 10대 비경 중의 하나이다. 그러나 폭우를 쏟아붓는 비구름이 비경을 보여줄 리 만무하다. 본 것이라고는 산사태로 군데군데 집채만 한 바위돌이 산 도적처럼 버티고 서있는 겁나는 장면뿐이었다. 1968년 구정대공세 때 후에를 잠시 점령했던 인민군들이 미군기지가 있던 다낭에 쳐들어오기 위해 치열한 전투의 흔적이 성문에 고스란히 남아 있다.

하이번 고개는 베트남에서 가장 길고, 가장 높은 고갯길이다. Hai는 바다를, Van은 구름을 즉 '바다에서 온 구름' 이라는 뜻으로 항상 구름이 고개에 걸려있어 붙여진 이름이다. 북쪽은 4계절을 가지고 있지만 그 남쪽은 건기와 우기로 나뉜다. 이 산맥이 중국해의 북서풍을 막아주기 때문이다. 하이번 고개는 베트남 최고의 드라이브 코스이자 아름다운 해안 도로로 손꼽힌다.

이 고개는 군사적, 지리적으로 요충지가 되었다. 일찍이 중국의 한나라 장군 마원이 베트남을 평정한 후 이곳을 경계로 삼았다. 또한 15세기에는 비엣족의 쩐 왕조와 참파 왕국의 국경이었다. 또 내전 때는 남베트남군이 북베트남군을 막아내는 최후저지선이었다. 옛날 프랑스 식민시대 이곳에 요새를 구축했고, 그 후 미군이 이곳에 관측소로 사용했다고 한다.

나는 폭우 속에 체온을 유지하기 위하여 스포츠브라만하게 자른 우비만 걸치고 고갯길을 내려오면서 '전쟁과 사랑'을 생각하였다. 비의 음기는 전쟁에 대비되는 사랑을 떠올리게 하였다. 문득 '옛날 짝사랑하던 여인을 한번 만나볼 수 있다면?' 하는 엉뚱한 생각 말이다.

어느 나라에도 로미오와 줄리엣 같은 이야기가 있다. 이 이야기는 로미오와 줄리엣보다 더 비극적이며 아름답기까지 하다. 시장은 단순한 물건을 사고파는 곳이 아니다. 사람들의 숨결이 느껴지는 만남의 장소이기도 하고 축제나 공연이 벌어지는 공간이기도 하다.

베트남 북부의 카우 바이 정(情)시장은 일 년에 단 한 번 장이 열린다. 이곳에서는 옛날 이루지 못한 연인끼리 만나 거리낌 없이 사랑을 나눌 수 있는 곳이다. 누구나 못 이룬 사랑을 일 년 후 혹은 몇 년 뒤 만날 수 있었으면 하는 상상을 해보았으리라! 비록 비련의 사랑이지만 일 년에 한 번 그곳에 들르면 언젠가는 그 임을 만날 수 있다는 희망이 있다. 희망이란 인생의 허기를 달랠 수 있는 오징어, 땅콩이다. 만나서 지난 삶을 이야기하고 서로의 그리움을 확인하고 싶기도 하다. 누구나 한번은 옛사랑이 지금은 어떻게 살고 있나 궁금해지기도 한 것은 인지상정인가보다.

'바'라는 허몽족 총각과 '웃'이라는 자이족 소녀가 어느 순간 만나 운명적인 사랑에 빠졌지만 두 부족은 서로 원수지간이라 혼인할 수 없었다. 두 사람은 달밤에 만나 가출하여 카우 바이 산의 동굴에서 행복하게 지냈다. 그러나 이 일로 두 종족 간에 전쟁이 일어났다. 어찌하리오! 자신들의 사랑 때문에 부모형제와 이웃이 서로 죽이는 피비린내 나는 전쟁이 벌어졌다. 결국 두 사람은 영원을 맹세한 사랑을 포기하기로 결정하였다.

두 사람은 눈물어린 이별을 하면서 사랑만은 영원히 잊지 말자고 맹세하고 일 년에 한 번만이라도 헤어지던 3월 17일 이 장소에서 만나자고 했다. 약속대로 두 사람은 일 년에 한 번씩 카우 바이에서 만나 밤새 애달픈 일 년 치의 사랑을 나눈다. 자신들도 비슷한 경험을 가지고 있는 사람들은 아름다운 사랑에 감동해서 헤어지던 날과 장소에 장을 만들었다. 이 장터는 이루지 못한 사랑을 했던 사람은 누구를 막론하고 다시 만나 옛사랑을 나눌 수 있는 사랑의 장터이다.

'후에'에는 후엔쩐 공주의 사당이 있다. 후엔쩐 공주는 쩐 왕국의 3대 황제인 인종의 딸이자 4대 황제인 영종의 누이이다. 쩐 왕국과 남쪽의 참파 왕국은 눈만 뜨면 전쟁을 하는 앙숙이었다. 참파왕국의 자야싱바르만 3세는 전쟁이 싫었다. 그러던 어느 날 쩐 왕국의 공주가 경국지색이란 말을 들었다. 그는 전쟁 대신 사랑을 택했다. 전쟁보다 사랑을 택한 것만은 훌륭했지만 값은 컸다. 이 결혼 선물로 꽝치 성과 꽝남성의 드넓은 땅을 넘겨주었다.

여인의 아름다움에 빠져 나라의 근본인 땅과 백성을, 그것도 쩐의 남진을 막아주던 천해의 요새와 평야를 넘겨준 사랑밖에 모르는 어리석은 왕은 결혼한 지 1년 후에 요절했다. 참파는 힌두교 문명을 받아들인 나라이다. 후엔쩐 공주는 힌두교의 관습에 따라 죽은 남편과 함께 불길에 몸을 던져 함께 산 채로 화장을 당하게 생겼다. 공주가 순장하는 것을 막기 위해 쩐 왕국은 조문을 구실로 사신을 보내 공주를 탈출시켰다. 두 나라는 다시 전쟁을 했다.

그리고 나는 지금 세계 6대 해변 중의 하나라는 미케 비치의 가장 전망 좋은 한 해산물 식당에서 근사한 점심을 즐기는 중이다. 하노이에서 장은숙 한인회장이 내려와 내 발걸음을 위로한다면서 마련한 자리이다. 한국에서도 이한용, 양길현, 유원진, 장은주, 원애리 님이 응원와 주셨고 어젯저녁 자리를 만든 김만식 다낭 회장님도 자리를 빛내주었다. 오늘 하루는 우기 중에도 비가 잠시 멈췄다.

치열하던 전쟁의 포연이 멈춘 미케 해변의 두 마리 하얀 갈매기 날갯짓이 희망차게 보인다.

18 기억하고 애통해 하자!

어두운 역사를 스스로 드러내고 사죄하는 일은 전쟁에 뛰어드는 용기보다 더 큰 용기가 필요하다. 사과는 사실을 고백하는 것에서 시작된다. 어떤 불이익이나 온갖 수모를 당해도 감수하겠다는 각오가 되어 있어야 한다. 진정으로 눈물어린 고백 없이 진실하게 '해원상생'할 수는 없다.

이제 다낭도 지나고 호이안도 지났다. 어느덧 베트남의 중남부 꽝응아이까지 왔다. 네이팜탄과 고엽제로 만신창이가 됐던 강산이다. 베트남을 달리며 내가 본 것은 어떤 첨단 전쟁 무기로도 무너뜨릴 수 없는 인간 정신의 위대성이었다. 후손들의 자유와 독립을 위해 자신을 기꺼이 산화시키면서 흘린 피와 땀의 기록이 나의 발걸음을 유혹했다. 제국주의의 무모함과 야만에 저항하는 역동적인 흔적이 나를 잡아끌었다.

나는 아픈 역사를 마감하고 새로운 시대로 들어서는 문을 활짝 열기를 꿈꾸며 달리고 있다. 베트남전쟁은 우리에게 드러내기 싫은 치부이자 환부와 같은 것이다. 새로운 시대로 넘어가기 위해서 반드시 부끄럽고 낯 뜨거운 우리의 잘못을 드러내고 눈물의 고백을 하지 않으면 안 된다. 반성하지 않으면 잘못된 경험을 자꾸 반복한다.

우선 우리가 베트남에서 저지른 민간인 학살이 결코 우발적이지 않음을 고백해야 한다. 그것의 뿌리는 해방 이후 자행된 4.3항쟁을 비롯하여, 여순항쟁과 한국전쟁 중에 자행된 수많은 학살 사건, 5.18광주 학살이 아니었을까? 거기서 수백만 명의 민간인을 학살시킨 경험이 있다.

반공교육은 '빨갱이'로 악마화하였다. 빨갱이는 악마이므로 죽여도 죄의식으로부터 자유스러울 수 있었다. 4.3항쟁, 여순항쟁의 빨갱이 대량학살 경험이 전쟁이라는 특수 상황 속에서 자연스럽게 재현되지 않았을까? 피를 보았고, 미쳐서 물불 안 가리고 쏘아댔다. 생존과 죽음 외에는 선택의 여지가 없는 전쟁터에서 억울한 희생자 발생은 불가피 했는지도 모르지만 그런 내재된 경험이 판단과 행동을 거침없이 하게 했다.

전쟁은 시작할 때는 그럴듯한 명분을 들이대지만 한번 시작하면 누가 시작했는가, 누가 옳은지는 필요 없게 된다. 전쟁의 한가운데 내던져진 병사들에게는 수단과 방법을 가리지 않고 살아서 고향의 가족에게 무사히 돌아가는 것이 지상최대의 명분이 되는 것이다. 전쟁은 물리적 폭력만이 아니라 인간의 정신적 자유를 지속적으로 억압한다. 그것이 어린 병사들을 광기로 내몬다.

다낭과 호이안 중간쯤 있는 투본 강과 바다가 가까운 한적한 마을이었다. 1968년 2월 베트남 파병 한국군 해병 청룡부대 3개 소대가 하미 마을 30여 가구 비무장한 주민 135명을 학살했다. 그날 오전 9시 무렵 마을을 에워싸고 진입한 군인들은 주민들을 한곳에 모은 뒤 소총과 수류탄, 유탄발사기 등으로 무차별 학살했다. 희생자는 대부분 노인과 여성, 아이들이었다. 군인들은 이를 은폐하기 위하여 네이팜탄으로 마을을 불사르고 불도저로 밀어 흔적을 지우려 했다.

북베트남의 구정(舊正) 대공세로 전투가 격렬하던 때였고, 이 지역은 최정예 청룡부대의 작전 지역이었다. 다낭 호이안 등 중부 도시들은 북베트남과 남베트남민족해방전선의 점령지였거나 영향력이 꺼져가던 지역이었다. 지금껏 한국군의 학살 행위가 공식 작전이었는지, 명령 계통이 어떠했는지는 밝혀진 바 없다. 인류의 역사가 나치에 의해서 자행된 홀로코스트로부터 조금이라도 발전했는지 의심스럽다.

조헌정 목사님과 나의 베트남 일정 중의 가장 중요한 목적 중의 하나가 대량학살 현장을 찾아 억울한 영령들을 위로하고 '해원상생'의 시대로 넘어가는 조그만 디딤돌이라도 놓기 위한 것이다. 원한을 풀고 상생의 화평 세계를 건설하기 위해서는 먼저 진정한 사과가 있어야 한다. 투본강과 바다와 연한 하미 마을은 믿기지 않을 정도로 고즈넉한 시골 마을이었다. 위령비의 담 한편이 이번 태풍으로 폭격 맞아 무너진 듯 무너져 방치되어 있었다.

사당 앞에 선 우리는 자책의 눈물을 흘리며 사죄하지 않을 수 없었다. 미안합니다. 미안합니다. 미안합니다. 용서해주세요! 소주 한 병밖에 못 들고 왔지만 미안한 마음 가득 안고 왔습니다.

언제나 가장 위험한 곳에서 가장 위험한 임무를 수행했던 사람들은 그 사회에서 가장 힘없고, 돈 없고, 배경 없는 하층 사람들이었다. 지금도 그렇지만 좀 있는 집안 자식들은 무슨 이유든지 군 면제를 받았다. 당시 한국의 젊은이들은 3년 내내 형편없는 급식에 배를 주리고 낮에는 온갖 훈련과 부역, 밤이면 의례처럼 이어지는 줄빠따를 맞으면서 군생활을 이어갔다.

젊은 병사들은 미군들 수준의 급식을 먹으면서 양담배를 피우며 마치 영화의 주인공처럼 외국의 전쟁터에서 자유와 민주주의를 수호하는 멋진 군인의 모습을 상상했으리라! 전쟁영웅이 되어 금의환향해서 아름다운 여인과 2차 대전 후 해군 병사의 타임스퀘어에서처럼 로맨틱한 키스를 꿈꾸었으리라! 상하의 나라 베트남은 젊은이들에게 암담한 현실을 벗어나 모험과 꿈을 펼칠 수 있는 나라로 여겨졌으리라!

"지옥으로 가는 길은 선의로 포장되었다."라는 말이 있다. 베트남 파병은 악마의 매혹적인 유혹이었다. 그 유혹은 젊은이들에게 암담한 현실에서 희망의 빛을 비추는 십자성 별빛만큼 치명적인 마력이었다. 힘없는 사람들은 가끔 세상이 뒤집어져 새로운 세상이 되기를 꿈꾸지만 그런 일은 결코 일어나지 않는다. 총과 무기는 전쟁이라는 미친 공간에서 이제껏 누리지 못한 힘 아닌 힘을 가졌다는 착각에 빠지게 한다. 병사들은 극도의 공포심에 노출되었다. 이런 상태에서 욕구불만은 무절제하게 발산된다.

베트남에 도착한 한국군은 용감하게 싸웠다. 다낭 인근은 미군 최정예부대가 있던 곳이다. 미군은 자기가 수행하기에 위험한 임무만 한국군에게 떠맡겼다. 미군은 주로 하늘에서 폭격하고 후방에서 지원포를 날려주는 일을 하는 동안 한국군은 마을과 정글을 수색하는 일을 싫은 내색 없이 잘도 수행하였다. 미국은 세계 곳곳에서 이어지는 반전 시위와 나빠져 가는 여론과 전황에 교묘히 한국군을 앞세워 설욕전을 펼쳤다.

베트남전쟁은 기존의 전쟁 통념을 깨는 이상한 전쟁이었다. 전선도 없고 후방도 없는 전쟁이었다. 마치 두더지 게임처럼 여기저기에서 느닷없이 출몰하는 베트콩들로 인해 병사들은 극도의 불안감에 떨어야 했다. 베트콩은 비정규군이라 마을 주민들과 구분이 되지는 않았다. 평화스럽게 보이던 마을 한 귀퉁이에서 총알이 날아오고 선량해 보이던 농부가 저고리에서 수류탄을 꺼내 던지곤 했다. 적대감은 극도의 공포에서 극대화된다. 보이지 않는 적은 병사들의 극도의 공포감과 불안감을 몰고 왔다.

양민과 베트콩의 구별이 불가능한 상황에서 최정예 해병용사들은 한낮 철부지 어린 병사들일 뿐이었다. 보이지 않는 적에 의해서 동료들이 피를 흘리고 죽어 넘어지고 있었다. 안 보이는 적, 알 수 없는 적에 대한 공포는 상상을 초월한다. 피를 본 어린 병사들에게 가장 쉽고 확실한 방법은 모두 죽이는 것이다. 미친 듯이 불을 지르고, 총을 쐈으며 혹시 적이 사용될 식량과 가축, 물자 등 모든 것을 소각했다.

사방에서 피보라가 솟구치고 비명소리가 난무했다. 창자가 쏟아져 나오고 팔다리가 잘린 시체가 나뒹굴었다. 순식간에 눈 뜨고 볼 수 없는 참혹한 광경이 펼쳐졌다. 죽음에 대한 극단적인 공포와 전투의 광적인 에너지는 어린 병사들로 하여금 살인 중독에 빠뜨린다. 전쟁은 위험한 광기를 내포하고 있다.

50년 전 우리가 총부리를 겨누고 싸웠던 적은 아이러니하게 우리의 오랜 숙원이요, 숙명이기도 한 민족의 독립과 자유를 위해 목숨을 걸고 싸운 숭고한 민족주의자들이다. 그들은 100여 년에 걸쳐 프랑스, 일본, 미국이라는 거대한 제국주의와 맞짱뜨며, 저항하며, 쌍코피 터진 끝에 독립과 자유를 쟁취하였다.

어두운 역사를 스스로 드러내고 사죄하는 일은 전쟁에 뛰어드는 용기보다 더 큰 용기가 필요하다. 사과는 사실을 고백하는 것에서 시작된다. 어떤 불이익이나 온갖 수모를 당해도 감수하겠다는 각오가 되어 있어야 한다. 진정으로 눈물어린 고백 없이 진실하게 '해원상생'할 수는 없다.

4·3항쟁과 여순항쟁의 올바른 정립 없이 베트남에서 저지른 민

간인 학살은 무용담으로 미화되면서, 광주학살사건으로 다시 망령이 되살아난 것을 깊이 통찰해야 한다. 모든 역사는 홀로 갑자기 일어나지 않는다. 불행했던 과거를 제대로 성찰하지 못하면 똑같은 일이 반복해서 일어난다. 뼈를 깎는 고백과 사과는 결국 우리를 위한 것이다. 그렇지 않으면 언제 또다시 전쟁의 광기에 휘말리게 되어 그 사악한 망령이 되살아나 대량학살의 피를 뿌릴지 모를 일이다.

19 "미군은 내 착한 아들을 살인자로 만들었다."

모든 어머니는 세상에서 착하고 가장 귀한 아들을 군대에 보낸다. 미라이 사건에 연루된 한 병사의 어머니는 재판장을 나서며 이렇게 울부짖었다. "나는 착한 아들을 군에 보냈다. 그러나 미국은 내 아들을 살인자로 만들어버렸다." 아니다. 미국이 아니라 제국주의의 수단인 전쟁이 모든 착하고 귀한 아들들을 살인자, 좀비로 만들어버린다.

철썩철썩 하얀 파도가 밀려오는 소리뿐 한적하고 아름다운 바닷가 마을에 바람이 심하게 분다. 그날도 바람이 심하게 불었을까? 미라이 마을에 들어서니 인간의 잔악성에 대한 분노가 파도처럼 밀려온다. 바로 이곳에서 전 세계 모든 시민의 분노를 일으킨 대학살이 벌어졌다.

최초의 포스트모더니즘 전쟁이라 불리는 베트남전쟁은 영혼을 잃은 인류가 저지른 더러운 전쟁이었다. 영화처럼 마약에 취한 어린 병사가 헤드폰을 귀에 걸치고 헤비메탈 음악을 들으면서 그 박자에 맞추어 헬기에서 기관총을 난사하는 장면을 떠오르게 한다. 나는 지금도 미국이 이라크에 미사일 공격하는 장면이 CNN을 통해서 생방송이 되고, 뉴욕 시민들은 바에 모여서 맥주를 마시며, 마치 게임을 즐기듯이 손뼉 치는 모습이 눈에 생생하다.

전쟁을 받아들이는 맹목적인 애국심에 미국 시민들의 도덕심은 불구가 되어가고 있었고, 전쟁에 참여하는 병사들은 미쳐가고 있었다. 일단 전쟁이 일어나면 무엇 때문에 전쟁이 일어났는가, 누가 옳은가는 중요한 문제가 아니다. 전쟁의 목적과 성격, 명분은 잊어버리게 마련이다. 전장에서는 맹목적인 증오와 광기만이 지배하게 된다.

1968년 3월 16일 아침 꽝응아이성의 미라이 마을에서 윌리엄 로스 켈리 중위는 소대원 26명과 함께 504명의 비무장 민간인에게 무차별 학살을 자행했다. 위령관 안에는 당시의 참혹했던 장면의 사진들이 전시되어 있다. 수많은 알려지지 않은 학살 사건 중 유독 이 사건만 전 세계에 알려진 것은 이 사진이 전하는 생생한 증언 때문이었다.

17명의 임산부와 어린이 173명 그리고 5개월 미만의 유아 56명도 미친 학살에서 예외가 될 수는 없었다. 일부는 성폭력이나 고문을 당했으며 시체 중 일부는 무자비하게 난도질당한 채 발견되었다. 한 노인은 총검으로 난자당했으며, 어떤 이는 우물 속에 던져진 다음 수류탄 세례를 받았다. 한번 집단 분노조절 장애를 겪은 병사들은 물불을 안 가렸다.

죽음을 무릅쓰고 덤비는 적이 제일 무섭다. 미국 병사들은 민족해방전선 전사(베트콩)들의 게릴라전에 맞닥치자 극도의 공포에 빠졌다. 전선이 뚜렷하지 않았고 적은 애매모호했다. 베트콩은 땅 속에 있는 나무뿌리라면 미군은 나무 꼭대기의 나뭇가지처럼 노출되어 휘청거렸다. 미군 지휘부의 가장 큰 골칫덩이는 굶주리고 열악한 무기의 베트콩이 기동성이 뛰어나고 지역민의 민심을 등에 업었다는 사실이다. 무서운 '민족혼'이었다.

또한 미군을 두려움과 공포로 몰고 갔던 것은 베트콩이 설치한 부비트랩이었다. 전면전에서는 미군을 이길 수 없는 베트콩은 정글에서 설치는 쉽고 아군에게 피해는 거의 입히지 않는 부비트랩을 활용했다. 언제 어디서 자신을 덮칠지 모르기 때문에 불안에 싸인 병사들에게 심리적 압박감은 대단했다.

전황은 점점 나빠졌다. 공포에 빠진 병사들은 이성의 끈을 놓았다. 자기들 실수로 부비트랩에 걸려 사상자가 나자 공포와 분노가 뒤섞여 평화로운 민가에 총을 쏘며 들어가 살생을 벌이고 강간과 약탈, 방화를 자행했다.

　미군을 비롯한 한국군 등 동맹군은 적이 전투원과 비전투원의 구분이 모호해지자 일정 구역에 민간인을 몰아놓고 수용하여 전략촌을 만들어 집단수용했다. 그 이외의 지역은 "움직이는 모든 것을 적으로 간주"하고 수색 섬멸 작전을 펼쳤다. 미군에 의해 저질러진 미라이 학살이 증명하듯 작전 중인 미군은 '눈에 띄는 것은 모두 베트콩'으로 간주했다. '어린아이도 첩자'이며, "놓치는 것보다 죽여 없애는 게 낫다."는 태도를 보였다.

　이 사건은 학살이 일어나기 이틀 전 인근 지역을 작전 중이던 미군들이 자기들의 실수로 부비트랩에 걸려 사상자가 발생했다. 부비트랩은 폭발음과 함께 미군의 인류애와 평정심을 날려버렸고 광기만 남겼다. 어쩌면 전쟁 그 자체가 그런 것들을 파괴하는 속성이 있는지도 모른다.

　집단 분노장애를 겪고 좀비같이 살상을 벌이던 그 참혹한 현장에 인간의 모습을 한 사람들이 있었다. 차마 양심이 이 잔혹한 학살에 가담하는 것을 허락하지 않는 한 미군 병사는 자신의 발에 총을 쏘았다. 또 한 사람은 작전을 지원 나온 헬기 조종사 휴 톰슨 준위이다. 그는 헬기를 조종하다가 광란의 현장을 목격하고 무선으로 도움을 청했다. 그는 눈앞에서 벌어지는 동료들의 미친 모습이 믿어지지 않았다. 그는 그곳에 헬기를 착륙시키고 부상자와 시체를 실으며 켈리 중위에게 도움을 요청했으나 켈리는 작전을 수행 중이니 방해하면 발포하겠다고 엄포를 놓았다.

　할 수 없이 헬기로 돌아간 톰슨은 계속 현장을 주시하던 중 가까스로 몸을 숨기고 있던 베트남 양민들이 미군에 발각되는 것을 본다. 총을 들이대려는 미군들을 보면서 톰슨은 자신의 기관총 사수들에게 명령한다. "착륙한다. 내 명령에 불복하는 새끼들은 쏴 버려. 다시 말한다. 불복하면 쏴 버려." 헬기는 마치 천사처럼 미군들과 양민들 사이에 착륙했다. 톰슨 중위는 사격중지를 부르짖었고 기관총 사수 들이 미쳐 날뛰는 미군을 겨누는 가운데 그는 민간인 10여 명을 무 사히 구할 수 있었다.

그는 나중에 베트남을 방문하여 자신이 살린 소녀를 만나서 그날 을 회고했다. "아마도 내가 평생에 가장 잘한 일은 나의 기관총 사수 들에게 명령하던 그 순간이었다." "내 명령에 불복하는 새끼들은 쏴 버려. 다시 말한다. 불복하면 쏴 버려." 참 잔혹한 말이지만 가장 용 기 있고 아름다운 말이었다.

자칫 묻힐 뻔한 미라이 학살의 실상이 만천하에 드러난 것은 1년 이 지난 뒤였다. 기자 지망생 병사 라이덴아우어가 찰리중대의 한 병 사와 맥주를 마시고 있었다. 술이 얼큰하게 취한 병사에게서 미라이 학살에 대해 무용담을 펼치듯이 떠벌이는 이야기를 들으면서 충격을 받게 되었다. 이후 그는 집요한 추적 끝에 찰리중대의 다른 병사들을 만나 학살의 자세한 내막을 알게 되었다.

그는 제대 후 이 사건을 정부에 제소하였다. 이를 바탕으로 1970 년 프리랜서 탐사보도 기자인 세이무어 허쉬가 기사를 쓰면서 세상 에 알려지기 시작했다. 이 기사를 보도하기까지는 상당한 어려움을 겪어야 했다. 허쉬는 여러 신문사를 찾아가 학살현장 사진을 제시하면서 기사게재를 부탁했으나 거절당했다. 그러나 그는 좌절하지 않았다. 그는 이 사건의 진상을 밝힌 공로로 1970년에 퓰리처상을 받았다. 그 기사로 베트남전의 참혹한 실상이 일반 미국 시민들에게 알려지면서 미국 내 반전(反戰) 여론이 고취됐고 결국 미군 철수로 이어졌다. 그는 '펜으로 미군의 베트남 철군을 이끌어냈다'고 평가받는다.

제단 앞에 향불을 피우니 바람이 스쳐 지나간다. 바람 속에 반전운동 가수 존 바에즈의 노래 '도나도나'가 들리는 듯했다. 이 노래는 시장으로 팔려가는 한 마리 송아지가 하늘을 나는 새를 바라보며 새의 자유로움을 부러워하는 내용의 노래이다. 유태인들이 나라 없이 떠돌면서 이 슬프고도 아름다운 운율로 자유의 소중함을 일깨우던 곡이었다. 늘 마틴 루터 킹 목사 옆에서 '우리 승리하리라! (We shall overcome!)'을 부르며 사람들의 합창을 이끌던 그녀였다.

모든 어머니는 세상에서 착하고 가장 귀한 아들을 군대에 보낸다. 미라이 사건에 연루된 한 병사의 어머니는 재판장을 나서며 이렇게 울부짖었다. "나는 착한 아들을 군에 보냈다. 그러나 미국은 내 아들을 살인자로 만들어버렸다." 아니다. 미국이 아니라 제국주의의 수단인 전쟁이 모든 착하고 귀한 아들들을 살인자, 좀비로 만들어버린다.

20 베트남 여성들은 강인하다.

전쟁을 겪은 역사를 가진 모든 나라에 영웅이 있지만 베트남에서만 특별히 인정하는 영웅이 있다. 어머니 영웅이다. 전쟁에서 자식 3명 이상을 잃은 어머니에게 영웅 칭호를 준다. 지난번 광남 성의 거대한 어머니 영웅 상을 방문했었다. 5만 명의 베트남 어머니 영웅들의 이름과 명단이 기록되어 있다. 어머니 영웅 상 가운데 불쑥 솟은 어머니 흉상은 30년 동안 아홉 명의 아들과 한 명의 사위, 두 명의 외손주를 모두 전쟁에서 잃은 응우엔 티 트 여사이다.

아침에 일어나 달리면서 새로운 날이 주어진 것에 감사하며, 이 귀하게 얻은 생명을 무엇을 위하여 귀하게 쓸 것인가에 생각하는 것만도 얼마나 아름다운지 모른다. 가장 원초적인 옷에 가까운 런닝복을 입고 따스한 바람과 따라가는 구름을 느낀다. 평화는 두 발로 땅을 디디며 걷는 걸음마다 있다.

쌀국수를 먹다가 참전용사 할머니를 만났다. 어떤 할머니가 가슴에 훈장을 달고 상장을 액자에 넣은 것을 꼭 껴안고 오토바이 뒤에 타고 있었다. 범상치 않아서 사연이 있을 것 같아 운전기사 또안을 통해 물어보았다. 전사로서 1973년 전투에서 공을 세운 공로로 상을 받고 집으로 돌아가는 중이란다. 할머니의 상장에 적힌 이름이 판 티 느엉, 그때의 부상으로 걸음이 불편하시다.

내 작은 아버지 두 분은 맹호부대로 이곳 쿠이년에 파견되었었다. 한 분은 장교, 한 분은 사병이었다. 미안합니다! 미안합니다! 손을 덥석 잡았다. 그리고 토안에게 내가 베트남을 종단하는 목적을 설명하라고 부탁했다. 할머니는 입가에 엷은 미소만 지으면서 내 손에 다른 한쪽 손을 얹으신다.

한 소녀가 태어나서 성장하고, 사랑하는 사람을 만나서 결혼하고, 아이를 갖고, 어머니가 되었다가 그리고 자신의 늙은 어머니를 그리워하며 인생을 마무리하는 과정은 어느 나라 여성이나 비슷하다.

대부분 베트남 여성은 가냘프고 온화하고 복종적이다. 그녀들은 처음부터 전사가 아니었다. 그들은 다만 가정을 지키고 싶었을 뿐이다. 가정을 지키려면 나라를 잃으면 안 되겠기에 총을 들고 전장에 나섰다. 오랜 전쟁을 통해서 여성들은 가정과 사회 전반을 스스로 지켜내야 했다. 베트남의 여성은 세계에서 가장 강인하다는 찬사에 일점 부끄러움도 없을 듯하다.

베트남 여성은 침략군을 몰아내고 독립을 쟁취하는 모든 전쟁에 참여했다. 수많은 전쟁사학자와 작가들이 어떻게 작은 나라가 세계의 강대국들을 차례로 이길 수 있었는지 분석했다. 거기엔 여성 유격대, 여성 자살 특공대, 여성 자치대, 여성 정보원들의 무용담과 여성 영웅의 이야기가 무수히 많다. 이들은 소총으로 헬기를 떨어뜨렸고, 때론 함정을 폭파하기도 했고, 없는 길을 만들어 다리도 놓았다.

전쟁을 겪은 역사를 가진 모든 나라에 영웅이 있지만 베트남에서만 특별히 인정하는 영웅이 있다. 어머니 영웅이다. 전쟁에서 자식 3명 이상을 잃은 어머니에게 영웅 칭호를 준다. 지난번 광남 성의 거대한 어머니 영웅 상을 방문했었다. 5만 명의 베트남 어머니 영웅들의 이름과 명단이 기록되어 있다. 어머니 영웅 상 가운데 불쑥 솟은 어머니 흉상은 30년 동안 아홉 명의 아들과 한 명의 사위, 두 명의 외손주를 모두 전쟁에서 잃은 응우엔 티 트 여사이다.

베트남에서 자식이 전쟁터에 나갈 때 어머니는 눈물을 보이지도 자식을 껴안지도 않는다. 자식이 전쟁에 나가지 못하게 하는 행위이기 때문이다. 아들, 사위 다 잃고 손주까지 전쟁터에 나갈 때 어머니는 차마 입을 열지 못하고 말없이 손만 흔든다. 입을 떼면 통곡이 쏟아져 나올 것 같기 때문이다.

베트남 여자들이 강인한 생활력으로 자신의 삶을 주체적이었을 뿐 아니라 나라를 지킨 역사는 오래된다. 천 년 중국 지배 역사 속에 1세기경 후한의 지배하에 있던 베트남의 독립을 위해 쌍둥이 쯩짝과 쯩니 자매가 당시 세계 최강의 중국을 상대로 반란을 일으킨다. 지방 영주의 딸로 태어난 이들이 처음부터 민족을 이끈 강인한 지도자로 자란 것은 아니었다. 자매의 어머니는 혜안을 가지고 딸들에게 거친 세상에서 스스로의 몸을 지킬 수 있는 호신술을 직접 가르치기는 하였다.

여느 여인과 같이 맏이인 쯩짝은 다른 지방의 영주 티삭과 결혼을 하고 영주의 부인으로의 삶을 살아가고 있었다. 쯩니 또한 꿈 많고 조신한 처녀였을 뿐이었다. 쯩짝의 남편 티삭이 베트남의 독립을 위하여 분연히 일어났을 때 쯩짝은 남편을 조용히 내조하였을 뿐이다. 남편이 후한의 군사들에게 무참히 살해되고 그 목이 성 밖에 매달린 것을 보자 분연이 일어났다. 개인의 불행이 민족 전체의 불행과 연결되어 있음을 깨달았다.

처음에는 여자라고 불신하여 따르는 사람이 없어서 자매는 호랑이를 잡아 그 가죽에 명령서를 작성하였다. 자매의 확고한 의지와 강인함을 본 사람들이 모여들었다. 베트남의 잔 다르크로 불리기도 하는 쯩 자매가 거사를 일으켰을 때 이들과 함께한 36명의 여성 장수들은 백발백중의 여성 궁수 부대를 가지고 있었다. 쯩 자매는 코끼리에 올라 타 전투 지휘를 하였다. 이들은 순식간에 65개 현을 점령하여 독립을 선포한 후 언니 쯩짝은 베트남의 여왕으로 즉위한다. 후한은 당시 최고의 명장이던 복파장군 마원과 2만의 병력을 파견하여 빠르게 진압에 나선다.

쯩 자매가 이끄는 베트남군은 한나라 군을 수개월에 걸쳐 괴롭히 지만 결국 부하들의 이탈로 결국 패하여 처형당한 후 목은 낙양으로 보내진다. 당시 자매의 나이는 29세였다. 쯩 자매의 반란이 남긴 상처는 컸고 그들의 활약에 대한 기억은 강렬했다. 베트남의 쯩 자매 축제가 많고 그들을 모시는 사당도 많다. 쯩 자매를 기리는 시와 노래, 연극도 수없이 많다.

베트남에서 제일 이상하고 놀랍기까지 한 장면은 뭐니 뭐니 해도 논밭에서 일하는 사람들은 모두 여자이고, 심지어 건설현장의 막일도 여자가 하며 거리 미화원도 여자들이다. 반면 남자들은 카페에 모여 아침부터 맥주를 마시거나 당구를 치며 그저 노닥거리고, 흔들리는 해먹에 몸을 싣고 오수를 즐긴다. 시장에 가보아도 점포를 지키는 사람은 모두 여자이다.

전쟁이 일상인 삶을 살다보니 온 국민이 나라를 지키기 위해 힘을 합쳤고 여자들도 총을 들고 전선에 나섰다. 그렇다 하여도 전쟁은 남자들의 몫이다. 어떤 사람들은 이런 현상을 늘 전쟁을 치렀던 나라라 남자들은 언제 전쟁에 나가게 될지 몰라 보통 때 이렇게 쉬게 하였다. 그러던 것이 전통이 되었다고 설명을 한다.

베트남에서 여성의 역할은 크다. 인간 생활의 기본이 되는 농업을 주로 여성이 담당한다. 기후가 좋고 토양이 부드러워 여성이 농사일을 충분히 해낼 수 있다. 거기다 다산의 기원으로 생산의 기능이 있는 여성이 파종에서부터 수확, 판매까지 한다. 여성이 생산 활동을 담당하는 또 다른 요인은 전쟁이었다. 국가가 강력하지 못해 전쟁이

잦았다. 여자들의 삶보다 남자들의 삶이 더 고달프니 여자들이 전쟁이 없는 기간이라도 남자들을 쉬게 배려했으리라!

베트남의 황진이, 여류시인 호쑤언흐엉(胡春香)은 18세기 후반에 등장하여 유교적 전통과 여성에 대한 전통적 제약을 신랄하게 비판하고 빈정거린다. 꿋꿋하게 여성의 역할을 신장시키며 여성해방을 요구한 최초의 여성 지식인이었다. 그녀의 작품은 오늘날 누구의 것보다도 창의적이라는 평을 받고 있다.

여자의 운명

아! 여성들이여 아는가!
한편에서는 자식이 울고 한편에서는 남편이
아비와 자식이 배 위에 기어 다니고
어린애는 엉덩이 옆에서 앙앙 울어댄다.
서둘러도 밥하고 옷 짓는 일뿐이다.
남편과 자식에 대한 빚이 그러한 것을
여성들이여 아는가?

베트남의 고속성장의 배경에는 강인한 여성들이 있다. 전쟁이 끝나고 여성들은 생활 전선에서 독립적이고 주도적으로 삶을 이끌어간다. 여성 경제활동 인구는 70%에 이른다. 그래서일까 베트남 여성들은 진흙 속에서 오욕을 견디며 피어나는 아름다운 연꽃 같다.

21 우리의 애도는 꼭 완성될 것이다

우리 일행을 맞은 어머니는 동공이 풀려있었다. 얼이 빠진 사람의 표정이다. 아무리 눈물을 흘리고 통곡을 해보아도 사랑하는 외동딸은 살아 돌아오지 않으니 눈물은 마르고 가슴은 시커멓게 타들어 갔을 것이다. 분명 그녀도 애통한 마음 없이, 사과하는 마음 없이 보내온 화환쯤은 길거리에 내팽개치고, 짓이기고도 분이 안 풀렸으리라!

꿈을 찾아 한국에 온 지 2년, 21살 앳된 젊음이 스러졌다. 그곳은 나라가 아니었다. 완장 차고 거들먹거리는 사람은 넘쳐났지만 책임지는 사람은 하나도 없었다. 그날 네가 그렇게 선망해서 가고 싶어 했던 나라의 정부는 부재중이었다. 너희들의 비명과 절규를 못들은 척했다. 단풍 들어 아름다운 시월의 마지막 밤, 이국적 젊음의 향기에 마음껏 취해보려 찾은 이태원의 골목 경사길이 살아 밟은 마지막 길이 될 줄이야!

길을 가다보면 꽃길도 가지만 충격을 안고 가야만 하는 길이 있다. 억누를 길 없는 뼈아픈 슬픔을 안고 발길을 옮겨야만 했다. 딘 띠 뚜이엔이 몇 년 후 살아서 자랑스럽게 졸업장을 받아들고 걸어들어올 길이었다. 54년 전 전쟁 중 미라이 마을 학살현장에 다녀왔던 그 발걸음은 이제, 서울 한복판 이태원에서 참사로 희생된 베트남의 젊고 꿈 많은 인재의 희생의 억울한 죽음을 위로하기위해 빈딘성의 오지 마을로 발걸음을 옮겨야 했다. 산골 소수민족의 무남독녀 외동딸이 한국으로 유학 간다고 했을 때 부모들은 얼마나 자랑스러웠겠는가?

용산구와 꾸이년시는 자매결연을 맺어서 꾸이년시에는 용산로가 있고 용산구 이태원에는 꾸이년로가 있다. 이곳에 용산구에서 파견 나온 윤성배 소장이 있다. 그의 안내로 빈딘성과 가이 라이 성이 경계에 있는 고인의 고향을 찾았다. 조헌정 목사님과 꾸이년 세종학당 선생님 두 분 그리고 학생 한 분이 동행했다.

우리 일행을 맞은 어머니는 동공이 풀려있었다. 얼이 빠진 사람의 표정이다. 아무리 눈물을 흘리고 통곡을 해보아도 사랑하는 외동딸은 살아 돌아오지 않으니 눈물은 마르고 가슴은 시커멓게 타들어 갔을 것이다. 분명 그녀도 애통한 마음 없이, 사과하는 마음 없이 보내온 화환쯤은 길거리에 내팽개치고, 짓이기고도 분이 안 풀렸으리라!

뭐라고 위로의 말을 할지 가슴만 먹먹했다. 코로나 지옥에서 해방된 자유를 만끽하러 축제에 나갔다가 영문도 모르게 인파에 밀려서 숨결을 놓았으니 얼마나 원통하랴! 304명 생때같은 아이들을 그렇게 보낸 것이 엊그제 같은데 다시 우리 땅에서 그런 일이 벌어졌으니 미안하다. 미안하다! 그런 나라의 국민인 게 미안하다!

그러나 이것만은 믿어다오! 네가 좋아하던 한국국민은 반드시 네가 왜 그날 그렇게 억울하게 죽어가야 했는지 진실을 밝혀내고 책임자를 문책할 것이다. 그들은 다시 촛불을 들었단다! 촛불이 너희들을 살려내지는 못하겠지만 내일 뜨는 해가 다시 절망의 아침이 되지는 않게 할 것이니 그 억울한 눈 고이 감으라! 너의 통곡과 절규가 새 역사의 지평이 될지니! 우리의 애도는 꼭 완성될 것이다. 이 땅에서 진실은 반드시 거짓의 멱살을 잡을 것이다.

미안하다! 용서해다오! 너의 영정 앞에서 이렇게 무릎 꿇고 빈다.

다음날 용산로가 끝나는 부분에 지어진 한옥 정자에서 출발하였다. 그 자리에는 윤성배 소장과 꾸이년 시 행정국장이 찾아와 꽃다발과 제비집으로 만든 건강음료를 선물 받았다. 윤성배 소장은 공무원들이 의례 그러듯이 형식적으로 일하는 게 아니라 진심을 다해서 한·베트남 우호 증진을 위해서 일하는 모습을 보여주어서 인상적이었다.

꾸이년은 맹호사령부와 십자성 1지원단 그리고 106 후송병원이 있던 도시이다. 당시 월남 파병은 십자성부대가 먼저 출발하고, 그다음에 맹호부대가 출발했다. 처음 십자성부대 출발할 땐 다들 월남 가면 죽는 줄 알아 지원병이 없어 강제 차출했는데 분위기가 살벌했다. 당시 파월 전투부대는 맹호, 백마, 청룡부대가 있고, 군수지원부대는 십자성부대, 의료 건설 지원단은 비둘기부대, 공군지원단은 은마부대, 탄약과 중장비 해상 수송엔 해군 백구부대가 맡았다.

맹호부대 파견 때는 박정희가 직접 나와서 환송식을 범국민적 차원에서 했다. 그날 부산항에 대한민국 별이란 별은 다 떴다. 부산항 환송식에서 장병에게 여고생들이 꽃다발을 걸어주고, 군악대가 '월남 파병 노래'를 연주했다. '자유 조국 위하여 조국을 지키시다, 조국을 위하여 님들은 떠났으니, 그 이름 맹호부대 맹호부대 용사들아. 가시는 길…….' 1965년 10월 22일 멀리 한국에서 온 맹호부대가 꾸이년 항에 상륙할 때는 비가 억수로 쏟아지고 있었다.

우리나라는 1964년 의료지원단과 태권도 교관 등 270여명을 사이공 남쪽 붕타우에 파견함으로써 베트남전에 군사적인 개입을 시작했다. 이후 65년에서 73년까지 약 30만 명의 전투부대를 '베트남 정부의 요청'이라는 미명 아래 베트남 전선에 투입했다.

베트남전에서 한국군들도 4960여 명이 전사했고 10여만 명이 부상당했다. 그러나 한국군은 또한 적군인 베트남인을 4만 1450명이나 죽이는 전승(?)을 거두기도 했다. 아군 사망자수의 10배에 이르는 적군을 전사시킨 것이다. 그것도 공식적인 통계상으로만 그렇다.

꾸이년 지역에 투입된 맹호부대는 맹호작전, 투코전투, 안케전투,

비호작전, 월계작전, 호랑이작전, 돌풍작전 등 수많은 전투에 참여했다. 백마부대는 닌호아에 사단사령부와 29연대가 주둔하고 투이호아에 28연대, 캄란에 30연대가 배치되어 백마작전, 도깨비작전, 승마작전, 박쥐작전, 동보작전, 등을 수행했고 백마와 맹호가 합동으로 오작교작전, 홍길동작전, 독수리작전 등을 치렀다.

파병 채 몇 달도 안 된 다음 해 1월 23부터 2월 26일까지 맹호부대 3개 중대는 한국군 최대의 학살을 자행했다. 이 지역 15개 마을에서 1,000명이 넘는 사람들이 학살되었다. 맹호부대가 지나간 자리에는 사람이고 집이고 가축이고 모두 도륙되었다. '깨끗이 죽이고, 깨끗이 불태우고, 깨끗이 파괴한다.'라는 구호 아래 수색 소탕작전을 펼쳤다.

'깨끗이 죽이고, 불태우고, 파괴한다.'는 구호는 일제시대 때 일본이 한국의 의병들을 토벌하는 남한 대토벌전에서 사용한 구호이다. 그토록 일본군에게 끔찍이 당하고, 치를 떨던 그 방법 그대로 우리가 자유와 독립을 갈망하는 인민들을 학살했다. 그 피눈물 나는 역사를 경험해놓고도 그렇게 그 잔악한 방법을 그대로 사용할 수 있단 말인가?

전선도 없고 적이 누군지도 모르는 베트남전에서 베트콩의 근거지를 수색, 파괴한다는 작전상의 명분이 남녀노소를 가리지 않는 학살행위를 정당화시켜 주었다. 아니 그렇게 믿었다. 이곳에서 적의 개념은 모호했다. DMZ 너머에 있던 북베트남군은 확실한 적이었지만 북을 몰래 지원하는 남베트남 주민과 혹은 심증적으로 북을 지지하는 주민들까지 적으로 규정하는 것이 타당하느냐의 난제에 봉착하게 된다. 전쟁은 어려운 문제를 차분하게 풀 시간적 여유를 허용하지 않는다. 거기에 보안법 같은 것도 없었다.

베트남전쟁에 대한 뼈아픈 반성을 못했기 때문에 역사는 반복된다. 이라크와 쿠웨이트, 아프가니스탄, 동티모르, 소말리아에 국민의 반대에도 불구하고 전투병 주축의 부대가 파병되었다. 거기에 원전 수주를 이유로 아랍에미리트에 특전사 아크부대를 파견했다.

여기서 전쟁은 오래전에 끝났다. 우리에게도 베트남전은 잊고 싶은 전쟁이다. 그러나 이 순간에도 지구상의 한편에서는 새로운 총성이 멈추지 않는다. 전쟁은 야비하고 더러운 면을 역사를 통하여 보여주건만 20세기의 상처가 아물기도 전에 21세기의 또 다른 상처 하나를 낳고 있는 것이다. 상처받은 '오늘'을 치유하는 과정이 없이는 우리에게 미래가 없을 것이다. 비록 그것이 양심에 칼을 대는 아픔을 통해서만 가능하다 할지라도.

피의 대가는 미국으로부터 현금으로 지불됐다. 그 돈으로 독재자와 그 패거리들은 배를 불렸고 일부는 경부고속도로를 뚫었다. 그런데 아직 베트남에는 긴 국토를 종단하는 변변한 고속도로가 없다. 오늘도 먼지 펄펄 날리는 열악한 베트남 도로를 달려야 했다. 희생된 이들의 이름이 적혀있는 위령비 몇 군데 세운 것 말고는 치유의 움직임조차 없다. 베트남을 위해서 호찌민-하노이 고속도로라도 그 희생자들의 이름으로 놓아야 하지 않겠는가? 그것이 해원상생의 첫 디딤돌이 될 것이라 믿는다.

　베트남에 진심으로 머리 숙여 사죄하는 것이 앞으로 우리가 평화를 선도하는 나라로 나아가기 위한 첫걸음이다. 역사는 우리에게 의문부호 하나를 던져놓는다. 과연 그대들에게 진정한 반성은 있는가? 그대는 진정으로 반성하며 매일 조문하였는가?

22 "과거를 닫고 미래로 향하자!"

분명한 것은 우리는 아시아의 일원이고, 미래의 먹거리도 아시아에서 나올 것이 확실하기 때문에 아시아 알기를 게을리해서는 안 된다는 것이다. 올해가 한·베 수교 30년이 되는 해이다. 베트남은 "과거를 닫고 미래로 향하자!"라는 입장으로 미래를 향한 현명한 선택을 하였다.

나는 베트남에 오기 전 해상왕 장보고가 호이안까지 활동 범위를 넓혔을 것이란 글귀에 눈이 번쩍 열려 한국과 베트남의 교류의 역사를 조사하는 데 많은 시간을 할애하였지만 만족할만한 자료는 그리 많지 않았다. 예나 지금이나 모든 문화의 젖줄을 강대국에만 한정하였다. 옛날에는 중국에만 치중하고 지금은 미국과 유럽만 편중하였다. 여타 나라들은 오랑캐로 취급하여 역사의 흔적을 찾기란 쉽지 않았다.

그러나 분명한 것은 우리는 아시아의 일원이고, 미래의 먹거리도 아시아에서 나올 것이 확실하기 때문에 아시아 알기를 게을리해서는 안 된다는 것이다. 올해가 한·베 수교 30년이 되는 해이다. 베트남은 "과거를 딛고 미래로 향하자!"라는 입장으로 미래를 향한 현명한 선택을 하였다. 1992년 수교 당시 양국 간의 교역 규모는 5억 달러 수준에 불과했지만, 2021년에 807억 달러를 달성하여, 29년 만에 무려 161배나 증가하였다. 베트남에서 한류가 인기를 얻고 있음은 900여 년을 교류해온 전통이 두 나라의 역사에 면면히 전해져오고 있기 때문이다.

바다는 넓은 길을 내주지만 그 길을 헤쳐나가는 것은 인간의 몫이다. 16세의 꿈 많은 신라 청년 혜초는 큰 깨달음을 얻고자 정든 고향을 뒤로한 채 먼 바다로 나갔다. 지금으로부터 1,300년 전, 한 사내가 길을 나섰다. 그는 해동의 작은 나라 신라의 대덕고승 '혜초'이다. 혜초가 도착한 곳은 당시 국제적인 항구로 자리 잡았던 광저우였다. 당시 세계적인 무역항 광저우에서 처음 본 이국적인 풍경 속에서도 유독 그의 시선을 사로잡았던 것은 이곳을 오고가던 서역의 배들이었을 것이다.

저 배를 타고 가면 스승 금강지의 나라에서 부처와 같은 깨달음을 얻을 수 있을 텐데. 그의 가슴은 4년간의 중국 유학 생활에도 채워지지 않는 휑한 것이었다. 그의 구법의 열망은 그를 부처의 나라로 이끌었다. 그가 올라탄 무역선에는 온갖 신비로운 물건뿐 아니라 여러 군상의 사람이 탔을 것이다. 가는 목적지는 같아도 가슴에 품은 뜻은 달랐다.

첫 번째 경유지는 베트남 참파국의 호이안이었다. 그 당시 참파왕국은 동남아시아 무역의 중심국이었다. 8세기 무렵 참파왕국은 찬란한 힌두문화를 꽃피우고 있었다. 무역도시가 그렇듯이 호이안은 다양한 문화가 공존하였다. 작은 하천을 사이에 두고 중국인과 일본인 마을이 형성되었다. 지금도 그곳에는 광동인의 모임 장소이자 무사 항해를 기원하는 사원이 있고, 1593년 지어진 중국인 거주지와 일본인 거주지를 연결하기 위해 세운 내원교라는 작은 목조 다리가 있어 지금도 관광객들의 발걸음을 유혹하고 있다.

이 다리 한가운데 항해의 안전을 기원하는 까우 사원이 있다. 머리는 인도, 몸통은 베트남, 꼬리는 일본에 둔 아주 큰 '꾸'라는 괴물이 살았다는 전설이 있다. 이 괴물이 한번 움직이면 홍수나 지진이 발생했다고 한다. 이 꾸를 없애기 위해 꾸의 약점이 있는 이곳에 내원교를 세웠다는 것이다. 원숭이해에 짓기 시작하여 개의 해에 완공하였다고 다리 한쪽 끝은 원숭이 상이, 다른 한쪽 끝은 개의 상이 있다.

호이안은 투본강 상류의 성스러운 땅 '미손'을 연결하며 2세기부터 국제 무역항으로 이름을 떨치게 되었다. 호이안은 참파왕국 때부터 신라의 장보고를 비롯해 중국, 일본, 포르투갈, 프랑스 등 서양국가의 상인들이 빈번히 드나들면서 중계무역항으로 해양 실크로드의 중요한 역할을 했던 고대 항구도시이다. 동서양의 문명이 만나 동화적인 분위기를 형성했다.

오늘날에도 이 실크로드를 따라 오고갈 보물들은 수도 없이 많다. 우선 젊은이들이 이 길을 따라서 오고 가면서 비단이 그러했듯이 자기가 생각했던 것보다 가치가 100배 이상으로 귀한 존재임을 스스로 알아낼 것이다. 문화가 오고 가며 서로의 거리를 좁힐 것이고, 사랑과 꿈과 상상력이 오갈 것이다. 그중에 최고는 평화이다. 무엇보다도 '평화'가 모든 가치에 우선한 귀한 가치라는 것을 알게 될 것이다.

호이안과 우리나라의 인연이 기록에 나타난 것은 1687년에 제주도 군영 소속 김태황이 목사 이상전이 마련한 진상마를 싣고 사공 등 24명과 더불어 별도포를 출발하여 한양으로 향했다. 추자도 앞바다에 이르렀을 때 갑자기 동북풍이 심하게 일어, 키가 꺾이고 돛대가 부러져 바람 부는 대로 떠내려가다가 30일 만에 안남국 호이안에 도착하였다. 낚시하던 이에게 물을 달라고 했는데 이 사람이 관부로 안내했다.

일행은 부근의 무인도에 1년 반 동안 유폐되어 생활하다 안남국의 협조로 중국 배편으로 1688년 8월 7일 호이안을 떠나 중국 닝보를 거쳐 12월 16일 제주도 대정현에 돌아왔다. 일행 중 살아남은 고상영이 역관 이제담에게 구술해 표류기가 남았다.

표류기에는 안남국의 호이안과 수도 후에와 그 주변 지역에 관한 흥미진진하고 신비한 따뜻한 남쪽나라의 귀중한 기록이 담겨있다. 땅이 기름지고 날씨가 따뜻하고 물이 풍부해 벼는 1년에 3모작을 하고, 누에는 5번이나 쳐서 백성들은 먹을 것이 풍부하고 인심이 좋다고 풍요로움을 소개했다. 집채만한 동물 코끼리를 비롯하여 물소, 원숭이, 공작새 등 처음 보는 진기한 동물도 소개하고 바나나와 야자수 열매, 용과 등 맛있는 과일도 소개했다.

베트남의 최초의 장기 왕조는 리왕조이다. 태조 리꽁우언은 즉위하자 수도는 현재의 하노이로 정하고 '용이 승천한다.'는 뜻의 탕롱으로 명명하였다. 대월의 궁중 근위대장이었던 그는 열 살의 어린 황제를 물리치고 제위에 올랐다. 리 왕조는 왕권을 강화하기 위해 중국식 행정 제도를 도입해 중앙 집권적 관료체제를 만들었으며 과거제도를 도입하고 학교를 설립하였다. 베트남이 동남아에서는 유일하게 유교문화를 받아들인 나라가 되었다.

우리나라 성씨 중 귀화 성씨는 136개 성씨가 있는데 그 중 베트남과 관계가 있는 성씨가 정선 이 씨와 화산 이 씨가 있다. 이 두 성씨는 안남국의 왕자가 우리나라에 도래하여 정착함으로서 얻은 성씨이다.

정선 이 씨의 시조는 안남국의 왕자인 이양혼이다. 이 사람의 형이 바로 이양환으로 안남국의 5대 왕인 신종이다. 두 형제가 왕위를 놓고 다투다가 결국 이양혼(리 즈엉 꼰)은 송나라로 망명했고 송나라 문하시중이었던 진 씨의 딸과 결혼하여 살다 다시 송이 금나라의 공격을 받자 전란을 피해 1127년에 고려로 망명하여 경주에 정착했다. 그 6대손 중 우리가 잘 아는 이의민이란 인물이 있다. 그는 고려

의종 때 무신의 난을 일으켰던 정중부의 삼인자였다.

그의 아버지는 소금장수 이선이며 어머니는 영일현 옥령사의 종이었다. 그는 키가 8척이나 되는 거인으로 용력이 뛰어났지만, 고향에서 못된 짓만 일삼던 건달이었다. 그는 수박희(手搏戲)에 뛰어나 경군에 발탁되었다. 의종의 눈에 띄어 승진을 거듭하다 정중부의 난에 가담하여 공을 세우고 중랑장이 되었다. 그는 조위총의 난 때도 공을 세워 상장군까지 승진했다. 그는 자신을 총애한 의종을 손으로 척추를 꺾어 죽였다고 역사는 기록한다. 그 공으로 대장군이 되었다. 난이 일어난 지 7년 만에 정중부는 2인자 경대승에게 살해되었고 경대승도 5년 만에 병사하면서 이의민은 일약 대권을 거머쥐게 되었다. 그는 14년간 철권통치를 휘둘렀다.

그 후 13세기에 또 다른 베트남인이 우리나라로 피난을 왔다. 화산 이 씨의 시조 이용상(리 롱 트엉)은 리 왕조의 개국왕인 이태조 이공온의 7대손이며 안남국 7대 황제 고종(까오 똥)의 동생이었으며 8대 혜종(후에 똥)의 숙부이다. 당시 외척인 쩐 투 도는 '후에 똥'을 협박하여 7살 밖에 안 된 '후에 똥'의 딸에게 양위를 하도록 강요했다. 리 왕조의 마지막 황제이며 최초의 여황제인 찌쩌우 호앙을 쩐 투 도가 자신의 조카와 결혼시켜 남편에게 왕위를 넘겨주는 방식으로 쩐 왕조를 개국하며 역성혁명을 했다. 이렇게 1225년에 리 왕조는 멸망하고 쩐 왕조가 건국하게 된다.

1226년 리 왕조를 멸하고 들어선 쩐 왕조는 리 왕조의 부활이 두려워 대규모 살육이 벌어진다. 이용상은 가족과 하인을 이끌고 바다로 탈출하였다. 아마도 그들은 베트남 최초의 보트피플이 되었다. 그 보트피플이 바다를 떠돌다 도착한 곳은 황해도 옹진군이다. 고려는 이들을 난민이라고 안 하고 잘 보살폈다.

고려는 매년 팔관회라는 국제적인 페스티발을 펼칠 정도의 국제적인 나라였다. 거기에는 동남아시아, 아랍인, 페르시아, 여진 등이 함께 어울렸다. 이용상이 이곳에 도착한 지 얼마 지나지 않아 해적들이 마을 사람들을 잡아가는 것을 보고 해적 떼를 물리쳤다. 이것이 고종에게 보고되고 고향을 떠나온 안타까운 사연을 들은 고종은 그들이 정착하여 살게 영주권과 땅을 하사하였다. 베트남 최초의 집단 이민자가 되었다. 그가 고려를 새 터전으로 삼은 지 어언 20년 1253년 몽골이 침입하자 화산성을 쌓고 몽골을 막아내고 고려에 평화를 가져다준 영웅으로 기록된다.

베트남과 수교하고 화산이씨(花山李氏) 종친회는 1995년 베트남을 방문했다. 도무어이 당서기장을 비롯한 3부요인이 영접 나왔다. 베트남의 언론들은 다투어 이 소식을 실시간으로 전했다. 공항에는 '망국의 왕자, 8백 년 만에 돌아오다.'라고 쓰인 대형 현수막이 걸려있었다. 베트남 정부는 이들을 환대하고 베트남인과 동등한 법적 대우 및 왕손 인정 등의 호의를 베풀었다. 베트남 정부는 해마다 리 왕조가 출범한 음력 3월 15일이면, 종친회장을 비롯한 종친회 간부들을 기념식에 초청하여 행사를 진행한다.

베트남 정사 '대월사기전서'에 의하면 베트남의 유학자 막딘찌가 원나라의 수도 베이징을 찾았을 때 고려의 사신도 원나라에 왔다. 원나라의 황제는 두 사신의 글재주를 겨루는 백일장을 즉석에서 개최하고 막딘찌의 손을 들어줬다. 우리 측 기록에는 없으니 의문의 일패이다. 이 사람은 베트남과 원나라 두 국가의 과거 시험에 합격한 수재였다. 필담으로 고려 사신과 교류하며 친해졌다.

그는 이때 인연으로 고려 사신의 초청으로 고려를 방문한 적이 있다. 이때 그가 고려에 자손을 남겼다는 기록이 있다. 그는 고려에 4개월 머물면서 사신의 소개로 그의 조카딸과 결혼시켰는데 아들 둘, 딸 하나를 두었다고 한다. 그의 장남은 아들 8, 딸 넷을 얻었고, 차남은 아들 넷을 두었다고 하는데 더 이상 기록은 없다.

고려 공민왕 때에는 문익점 선생이 1363년에 원나라에 사신으로 파견되었다가 순제(順帝)의 미움을 받아 3년간 교지로 귀양을 갔었다. 귀양에서 풀려 교지에서 몰래 가지고 온 목화 씨앗이 한민족 복식문화에 큰 변화를 가져왔다. 목화씨가 베트남으로부터 유입된 것이라는 사실은 잘 알려지지 않은 사실이다.

진주 출신 선원 조완벽은 정유재란 때 일본에 잡혀갔다가 상선을 타고 베트남에 들른 일이 있다. 그는 조선 사람이라는 이유만으로 베트남에서 환대를 받았다고 한다. 어느 고관이 베푼 연회에 참석했는데 그 고관이 글을 펼치며 "이수광이 쓴 시인데 아는가?" 명나라에 세 차례 사신으로 다녀온 실학자이자 「지봉유설」의 저자 이수광은 베트남 사신과 교유하며 시를 주고받아 베트남에서도 유명했던 모양이다. 아마도 이것이 한류의 원류가 될지도 모른다. 조완벽은 베트남 유생들이 이수광의 시를 애송했다고 돌아와서 보고했다.

23 아세안은 경제 요충지

동남아 지역은 무역풍대에 속한다. 년 중 반은 북동풍이, 반은 남서풍이 주기적으로 바뀌는 순한 바람을 이용해 무역선들이 동북아시아와 서역을 오가며 교역을 할수 있었다. 해상실크로드의 중요 길목 역할을 했다. 동남아시아는 동서양을 잇는 무역의 중심지로 발전하기 시작했다.

우리 민족은 분명 남방계와 북방계가 혼합된 민족인데 정확한 이유는 알 수 없지만, 단일민족이라고 자칭하고 북방의 원류만 주장하였다. 우리 역사가 공식적으로 인정한 남방계는 가야의 허황옥이 유일하다. 지금 휴전선이 막혀 북으로 뻗어 나가지 못하는 상황에서도 우리는 고집스럽게 북으로 진출하려 했지 삼면이 바다인데도 남으로 진출하려고 하지 않았다. 역사 시간에도 먼 서구의 역사는 열심히 공부했지만 가까운 동남아시아는 애써 외면해왔다. 그래서 우리는 동남아시아에 대하여 잘 모른다.

마침 이 지역을 지나는 지금 캄보디아에서 아세안 정상회의가 열리고 있다. 베트남, 태국, 캄보디아, 라오스, 버마, 말레이시아, 인도네시아, 싱가포르, 브루나이, 필리핀 등 아세안(ASEAN)회원국 10개국을 포괄하는 동남아지역 경제공동체를 지향하며 활발한 협력관계를 구축하고 있다. 동남아시아만큼 같은 지역이면서 문화적으로 역사적으로 다양한 지역은 없을 것 같다. 먼저 종교가 유교, 도교, 대승불교, 소승불교, 이슬람, 힌두교, 기독교 등 주요 종교가 골고루 존재한다.

우선 아세안을 만만한 시장, 싸구려 관광지로 여기는 얄팍한 인식부터 바꿀 필요가 있다. 아세안은 인구 6억 5000만 명(세계 3위), 35세 이하 65%, GDP 2조 6000억 달러(6위), 연 5~6%의 빠른 경제성장 등만 눈여겨 볼 것이 아니다. 아세안은 한·중·일이 각축하는 경제 요충지다. 그러나 안타깝게도 문재인 대통령의 신남방정책은 '어떻게(how)'에 대한 대답 없이 사라져갈 위기에 처해 있다. 중국과 일본은 물량 공세로 밀고 들어오는데 우리만 전략이 부재하다.

동남아 지역은 무역풍대에 속한다. 년 중 반은 북동풍이, 반은 남서풍이 주기적으로 바뀌는 순한 바람을 이용해 무역선들이 동북아시아와 서역을 오가며 교역을 할 수 있었다. 해상 실크로드의 중요 길목 역할을 했다. 동남아시아는 동서양을 잇는 무역의 중심지로 발전하기 시작했다.

수평선 위에는 장성(長城)처럼 일정한 높이의 뭉게구름이 붉게 물들어 길게 깔려있었다. 태양은 학교가기 싫은 어린아이 잠자리에서 일어나는 것처럼 구름 장성을 넘어오기를 한참을 꾸물거렸다. 남중국해를 넘어 고개를 내미는 햇빛은 사춘기의 반항아적인 내 젊은 날의 뜨거운 눈빛처럼 강렬했다.

어느덧 내 발걸음은 한 달 보름을 뛰어서 베트남 남부의 나짱을 지나고 있다. 나짱을 방문한다면 베트남엔 아름다운 해변이 없을 거라는 선입관은 파도에 휩쓸려 가듯 사라지고 말 것이다. 나짱 해변은 프랑스의 식민지 시기부터 휴양지로 개발되기 시작해 베트남전쟁 당시 미군의 휴양지로 자리 잡으며 다낭보다 일찍 유명세를 떨치게 되었으며 지금은 외국 자본의 대대적인 투자로 화려함을 더하고 있다.

서쪽에는 드높은 쯔엉산맥, 동쪽은 긴 백사장으로 이어졌고 바다는 섬으로 둘러싸였다. 나짱은 도시의 구조가 복잡하지 않다. 백사장을 따라 콘도형 아파트와 호텔이 늘어서 있어 한 달 살기를 즐기는 여행자들에게는 선호도가 가장 높은 도시 중 하나이다.

나짱의 상징이라 불리는 포나가르 참탑이라 불리는 유적이 있다.

미군의 무자비한 폭격으로 대부분이 파괴된 미썬 유적과 달리 현재도 힌두교 사원으로의 기능을 유지하고 있었다. 내부에는 아들을 점지해 준다는 시바의 상징물인 '링가'가 있어 많은 참배객이 찾는다고 한다. 일생에 한 번 볼 기회가 있을까 말까한 유적지를 지척에 두고도 스스로 기회를 날려버릴 만큼 피곤함은 내게는 전쟁에 버금가는 현실적인 고통이다.

참파는 푸난과 마찬가지로 인도의 영향을 받았다. 참파의 건국 주도세력은 2,500년 전에 보르네오 혹은 칼리만탄 섬 등 동남아시아에서 무역풍을 타고 인도차이나 중부해안으로 배를 타고 흘러들어 오고 있었다. 이들은 피부가 검고 머리는 곱슬머리에 눈이 깊고 코는 높다. 참파가 시작된 베트남 중남부는 서양문화와 동남아, 인도, 중국 등 무역 상인들이 거래하는 곳이기 때문에 해양문화가 발달되어 있었다. 참파의 수도는 인드라 푸라이였으며, 지금의 꽝남 지역으로 지금까지 미썬 유적지가 남아있다.

참파왕국을 지탱하는 지배이념은 국왕을 힌두교의 3대 신과 동일시하는 신왕사상이다. 신왕사상은 왕이 곧 지상에 내려온 신의 화신이며, 그 상징인 링가를 숭배하는 사상으로 발전하였다. 그러나 참파왕국은 하나의 강력하고 중앙집권적인 정치체제는 아니었다. 여러 호족들이 연합하여 왕국을 구성했고 그중에서도 중부의 미썬 지방과 남부의 판두랑가에 뿌리를 둔 두 가문이 결합하여 나라를 운영하였다. 참파의 신화에 따르면 북쪽은 빈랑나무(아레카) 가문이 다스렸고, 남쪽은 야자나무(코코넛) 가문이 다스렸고 왕국의 완성은 두 가문의 결합에 의해 유지되었다.

베트남의 남반부에서는 인도화된 두 개의 국가가 흥기하였다. 하나는 푸난 왕국으로 이는 메콩 강의 삼각주와 오늘날 캄푸치아의 대부분을 장악했다. 다른 하나는 참파 왕국이다. 인도차이나의 남동지역을 지배했다. 한때는 동남아의 맹주로 앙코르왕국을 비롯하여 인도네시아의 자바까지 점령할 정도로 융성했다. 푸난의 상류사회는 인도의 영향력이 절대적이어서 산스크리스어를 사용하고 시바와 비쉬누를 경배하였다.

참파왕국의 주요 경제활동은 농업이 아니라 무역이었다. 중간 무역 뿐 아니라 주 거래상품은 침향, 전향 등 향과 코뿔소 뿔, 용뇌, 바다거북, 비단 등으로 송나라와 일본 등에서 수요가 많았다고 한다. 각 호족 세력은 항구를 중심으로 정치, 종교, 경제의 중심 도시가 있었다. 아마라바티는 호이안항구, 비자야는 꿔년, 남부 판두랑가는 판랑 등이 국제 교역을 담당했던 주요 항구이다.

이 항구들은 중국, 일본, 크메르, 인도, 말레이, 북아프리카와 중동, 지중해 연안의 서구인들까지 드나들었다. 자연히 상인들과 현지인 사이에 국제결혼도 빈번하였다. 당시 참파왕국은 중국-인도-지중해를 연결하는 중요한 중간 기착지로 역할을 담당하였다.

참파왕조는 2세기에 역사의 전면에 등장하여 1832년 완전히 멸망할 때까지 1600여 년을 유지한 장수 왕국이다. 참파의 역사가 이렇게 길게 유지될 수 있었던 요인은 경제력이다. 베트남 중부 지역은 북에서 남으로 흐르는 쯔엉썬 산맥 때문에 평지가 협소하다. 하지만 해운관 남쪽의 꽝남 지역은 넓고 비옥하다. 거기에 무역풍을 타고 오고가는 배가 정박할 수 있는 천혜의 항구가 있다.

그것만으로는 부족하다. 고원지대에서 생산되는 보석, 침향, 꼬뿔소 뿔, 상아, 등 각종 임산물이 풍부하다. 해안가에서 솟아나는 물은 왕국을 지탱하는 또 다른 힘이었다. 좋은 물은 긴 항해를 떠나는 무역선에 매력적인 요소이었다. 도자기와 직물 또한 품질이 좋았다.

24 오래된 비명

한국에서 고등학교 친구들이 응원하러 베트남의 이름 없는 어촌마을까지 호치민에서 내려서 렌트카를 해서 5시간 이상 운전을 해서 찾아와주었다. 유붕이 자원방래하니 불역낙호아라!(有朋自遠方來 不亦樂乎) 그렇게 찾아주는 친구들이 있다는 것이 자랑스럽고 힘이 난다. 공중급유를 받은 전투기처럼 전투력이 살아난다.

땀이 범벅된 사람들의 몸에서는 오로라 광채 같은 것이 흐른다. 성스러운 노동을 할 때나 즐거운 놀이를 할 때 몸에서 영롱한 이슬방울 같은 땀이 맺혀지기 시작하면 마치 오랫동안 잠들었던 잠재적인 능력들이 깨어 나와 활동을 시작하는 느낌을 받는다. 그것은 스마트폰 속에 깔린 섬세한 전선에 전원이 연결되어 전 세계와 소통을 하는 것과 같이 우주만물과 소통한다. 흐르는 땀은 가슴 속에 끓는 무언가를 태우고 흘러내리는 촛농 같은 것이다. 달리면서 흘리는 나의 땀은 전 세계와 소통하는 창구 역할을 한다.

깜라인에서 판랑탑참으로 넘어가는 곳은 산맥 사이로 좁은 회랑이 있다. 세계적으로 유명한 회랑은 중국의 하서회랑, 폴란드회랑, 아프가니스탄의 와칸회랑 등이 있다. 이 회랑으로 사람도 이동하고 바람도 이동한다. 옛날에는 이 회랑에 산도적들이 지키고 서 있다가 지나가는 사람을 잡아 돈을 빼앗았다. 지금은 풍력발전기들이 바람과 마주 보며 지나가는 바람을 잡아 전기를 만들어 돈을 번다.

바람은 모공을 타고 몸 안에 들어와 혈소판을 자극하여 내 몸에 에너지를 공급한다. 현실을 개선하려는 자는 거친 길 위에 주저 없이 나서느니, 길 없는 길도 마다하지 않는다. 나는 베트남의 좁고 번잡하고 먼지 나는 국도를 달리며 바람 앞에 촛불처럼 위태로운 역사를 마주보며 풍력발전기처럼 달리며 자가발전을 한다.

어제는 지나가던 중학생 꼬마 녀석이 사탕수수 주스를 내밀고는 수줍은 듯 달아나더니 오늘은 베트남의 산타크로스들이 더욱 더 많이 나타났다. 내가 산적 같은 모습으로 달려가니 지레 겁먹고 뇌물을 바치듯이 중년의 남자가 돈 5만 동을 내밀며 가더니 청년이 음료수를 건네고 갔고, 이어서 아가씨가 작은 오렌지 한보타리와 큰 물병 두 개를 바치고 갔다. 낯선 나그네에 대한 친절은 사람들의 오랜 관습이었다.

산타크로스는 또 있었다. 한국에서 고등학교 친구들이 응원하러 베트남의 이름 없는 어촌마을까지 호치민에서 내려서 렌트카를 이용하여 5시간 이상 운전해 찾아와주었다. 유붕이 자원방래하니 불역낙호아라(有朋自遠方來 不亦樂乎)! 그렇게 찾아주는 친구들이 있다는 것이 자랑스럽고 힘이 난다. 공중급유를 받은 전투기처럼 전투력이 살아난다. 친구들은 항상 그리움의 대상이요, 힘의 원천이다. 에메랄드빛 바다를 보며 악동시절의 추억을 소환해 곰탕처럼 우려먹으면 힘이 불끈 솟는다.

새벽에 스콜이 한 차례 지나가더니 산 아래 무지개가 떴다. 그걸 보는 순간 내 머릿속에 낭만파 시인 윌리엄 워즈워스의 '무지개'가 떴다. 하늘의 무지개를 바라보면/ 내 가슴 뛰노라/ 내 어렸을 때 그러했고/ 어른이 된 지금도 그러하니/ 늙어서도 그러하기를/ 아니라면 나를 죽게 하소서!

조용히 달리노라면 여러 가지 옛 생각이 스치고 지나간다. 그때 스콜이라도 지나가면 시원하게 비를 맞는 건 좋은 일이지만 이어폰을 끼고 베트남 전통음악을 들으면서 달린다면 그건 교통상황을 감안하지 않더라도 위험한 일일 것이다. 애써 외면하고 싶었던 아픈 기억이 바람에 죽어가던 불씨 되살아나서 광기를 부릴지도 모르기 때문이다. 왜 그때 나는 바보 같이 그렇게 하지 못했나?

대나무로 만들어진 목관악기가 대나무 숲을 그리워하며 내는 소리는 가지 못한 길에 대한 아쉬움과 회한이 가슴에 생채기를 내서 그 위에 굵은 소금을 뿌릴지도 모르기 때문이다. 베트남의 전통음악은 야자수 나무 아래 그늘에서 여러 사람들이 둘러 모여 들을 때 제맛이 난다.

그래 저 리듬이다! 이방인이 들어도 가슴을 저며 오는 애절한 베트남 전통음악은 색다르고도 오래전부터 친숙한 리듬이다. 이국적인 향신료를 더한 야릇한 음악으로 다가온다. 이럴 때 반가워해야 할지 낯설어해야 할지 잠시 나의 달팽이관은 중심을 잃는다. 그러다 헤어진 지 오래된 여인을 만났을 때 잠시 기억의 회로가 바삐 움직이다가 곧바로 눈물을 글썽이며 부둥켜안게 되는 때의 기분을 들게 한다. 그 그립고 아련한 품에 서로 안기고 나면 현실의 불만족쯤이야 금방 잊고 서로의 익숙하던 심장박동 소리에 귀 기울이며 행복감에 깊이 잠겨버리게 될 것이다.

베트남은 우리의 노래방보다 더 가라오케가 많다. 그것으로도 모자라 집집마다 누가 더 성능 좋은 오디오 시설을 가졌는지 경쟁이라도 하듯이 소리를 크게 하고 노래를 부른다. 우리처럼 노래 부르기 좋아하는 것도, 그 전통 악기와 음악이 우리와 닮은 것도 어찌 생각하면 한의 정서를 공유하고 있기 때문인지도 모르겠다. 죽은 자의 원혼 소리가 길 어디에도 주렁주렁 매달려 있는 베트남의 길을 산자가 아무 생각 없이 달리니 산자의 나태함에 죽은 자의 침 뱉는 소리가 여기저기서 들리는 듯 해 정신이 번쩍 들었다. 문득 시정(詩情)이 돈는다.

오래된 비명

전쟁도 견뎌냈을 언덕 위에 외로이 선
참파의 옛 벽돌 탑
부드러운 바람에 흔들리는 야자수 나무 잎사귀
사이에 주렁주렁 달린 열매
이름 모를 새의 지저귐과
어디선가 들려오는 퉁소 소리

쪽빛 바다에 어울리는 불타는 노을
황금빛 구름 아래 흔들이는 작은 원형 배
파도에 떠밀려드는 오래된 비명들
생채기처럼 도져오는 미망
줄기가 다시 뿌리 되는 반얀나무
프랭기파니 꽃향기 하늘 아래 가득히 흐르네!

베트남 국민들이 사랑한 낭만파 시인 '한막뜨'는 아름다운 어촌 마을이 있는 무이네에서 그의 불멸의 연인 '몽껌'이라는 여인을 만나 사랑에 빠졌다. 그러나 사랑의 행복도 잠시 결국 저주받은 한센병에 걸려 사랑을 이루지 못하고 결국 쿠이년으로 떠나게 된다. 계란처럼 생긴 대형 몽돌로 가득한 응우옌 왕조의 마지막 황제 바오다이의 부인 남프엉 황후가 즐겨 찾았다는 해안, 겐랑 언덕에 올라 천국 같이 아름다운 경치를 내려다보며 그에게 날아든 가혹한 운명과 슬픈 러브스토리를 달래면서 아름다운 편지 형식의 시로 승화시킨다. 그는 결국 거기서 28세 짧은 생을 마쳤다.

"사랑하는 마음으로 살면 인생은 아름답다." 한막뜨의 시 '여기는 비야마을이다'의 한 문장이다. 겐랑 언덕에는 한막뜨의 시 중에서 한 구절을 따 그의 필체로 새겨놓은 돌 기념물이 있다. 한막뜨는 가난한 집안에서 태어나 스승 판 보이쩌우를 만나면서 문학에 눈을 떴다. 그는 베트남 현대문학사에 새로운 낭만파를 탄생시킨 인물이다. 그의 사랑에 관한 시어는 국민들이 애송할 정도로 깊은 사랑을 받고 있다. 그는 프랑스 유학을 원했지만 식민당국이 허락하지 않아 사이공에서 언론인으로 활동했다고 한다.

한막뜨의 죽음이 가혹한 운명과 슬픈 러브스토리의 한 단면을 보여주려는 듯 그의 무덤은 세 개가 있다. 한막뜨의 첫 무덤은 한센마을이 격리 운영되었던 마을 인근에 있었다. 그곳에 묻힌 이유는 '죽음 소식을 전할 사람이 없어서'였다고 한다. 그 자리에 지금은 휑하니 기념탑만 서있다. 두 번째 무덤은 바로 황하우 비치 인근에 조성되었다. 나중에 그의 죽음을 듣고 찾아온 친구가 새 무덤을 만들었다. 가장 존경하는 성모마리아상 아래에 묻어 달라!"는 평소의 유언 그대로이다.

그래서 그의 무덤은 겐랑 언덕의 성모마리아상 아래로 옮겨졌다.

지금은 여기에도 그의 시신이 없다고 한다. 훗날 가족들이 그의 시신을 고향 꽝빈으로 옮겼기 때문이다. 가짜 무덤에도 향불은 꺼지지 않고 사람들의 발길은 끊기질 않는다. 특히 여성 팬들의 발길이 끊이지 않는다고 한다.

25 반얀나무와 바나나나무

바나나나무 그늘이 있는 곳에서 베트남 유명 유튜버가 차를 세우고 기다리고 있다가 지나가는 나를 인터뷰하였다. 인터뷰 장면을 페이스북에 올렸더니 몇몇 베트남 페친이 알아보고 유명한 유튜버이고 좋은 일도 많이 하는 사람이라고 댓글을 달았다. 그는 인터뷰 후에 출연료 겸 후원금으로 즉석에서 현금 160만 동을 지급해주었다. 역시 상생의 바나나 그늘이 역시 좋았다.

어느 나라든 오래된 나무를 신성시하는 걸 흔히 볼 수 있다. 베트남의 당산나무는 반얀나무이다. 불교와 힌두교가 신성한 것으로 숭배하여 사원 주변에 주로 심지만 마을 입구나 어딜 가나 쉽게 볼 수 있다. 오래된 반얀나무는 마을 지킴이로서 신이 깃들어 있다고 여겨 신격화된다. 반얀나무가 수많은 뿌리를 가지로부터 드리우는 이유는 태생적으로 뿌리가 약하기 때문이다. 줄기는 계속 굵어지고 오래된 나무는 울퉁불퉁하다.

나무는 수많은 기근이 땅에 닿아 뿌리를 내리기 때문에 줄기 둘레가 10~20m나 되는 것도 있다. 그래서 쓰러지지 않고 살기 위하여 가지에서 땅으로 뿌리를 내려 자신의 몸을 지탱한다. 반얀나무는 땅이 지하수를 저장하는 것을 돕는 특성이 있는 나무이다. 그리하여 지혜의 나무라는 별칭을 얻었는지 모르겠다. 게다가 번식력이 강하다. 한 그루에서 끊임없이 가지가 퍼질 뿐만 아니라 한 가지에서 여러 개의 받침뿌리가 나와 독립적인 나무가 되어 금방 숲처럼 된다. 배타성이 강해 빽빽하고 거대한 반얀나무 밑에서는 모든 영양분이 차단되어 어떤 식물도 자랄 수 없다.

고고한 반얀나무 아래 향불이 타고 있다. 그 나무는 오늘도 내가 비를 맞으면서 달리는 이유를 알고 있겠지! 왜 사람들이 나에게 물도 건네주고 가고, 과일도 건네주며, 심지어 바나나 껍질에 싼 찰밥도 건네주는지 알 것이다.

그 반얀나무는 보았을 것이다. 옛 왕조의 흥망성쇠와 한때 그 미친(美親) 바람이 몰고 온 폭력과 야만을! 그리고 그 미친(美親) 바람을 몰아내고, 다시 그 미친(美親) 바람과 화해하고, 그 미친(美親) 바람을 이용하여 놀라운 경제성장을 이룩하고 있는 것을!

바나나나무도 번식력이 강하다. 나무뿌리에서 6개월이면 새순이 무사히 나와 그 뿌리를 잘라 심으면 짧은 시간 안에 또 한 그루의 나무가 자라서 바나나 열매를 맺는다. 하지만 바나나 나무는 배타적이지 않다. 나무의 잎사귀는 땅에 떨어져 거름이 되어 주위의 식물에게 영양을 공급한다. 다른 식물들이 잘 자랄 수 있도록 도와준다. 이제 세계는 바나나 나무와 같이 함께 생존하고 함께 성장해야 한다.

바나나나무 그늘이 있는 곳에서 베트남 유명 유튜버가 차를 세우고 기다리고 있다가 지나가는 나를 인터뷰하였다. 인터뷰 장면을 페이스북에 올렸더니 몇몇 베트남 페친이 알아보고 유명한 유튜버이고 좋은 일도 많이 하는 사람이라고 댓글을 달았다. 그는 인터뷰 후에 출연료 겸 후원금으로 즉석에서 현금 160만 동을 지급해주었다. 역시 상생의 바나나 그늘이 역시 좋았다.

응우옌 왕조는 베트남의 마지막 왕조이며 베트남을 오늘날의 모습으로 최초로 통일한 왕조이다. 떠이 선(西山) 반란군에 쫓긴 어린 응우옌 푹 아인은 무수한 왕과 왕족들이 살해당하는 와중에 구사일생으로 살아남았다. 그는 메콩 지역을 전전하며 피해 다니다 사이암(태국)에 두 번이나 망명했다. 그를 따르는 군대도 없고, 지원하는 나라도 없었다. 백성도 영토도 잃을 것이 아무것도 없는 왕은 생존 본능만 남은 야생의 짐승 같은 존재가 되었다.

떠돌아다니던 그는 타이만에 있는 푸 꾸억 섬에서 프랑스 선교사

피뇨 드 베엔느 주교를 만났다. 그는 물에 빠진 사람이 지푸라기라도 잡는 심정으로 이 신부에게 모든 것을 건 도박을 했다. 그는 그의 모든 것이라고 할 수 있는 장남 응우옌 푹 까인을 베엔느 주교에 딸려 프랑스에 보내 루이 16세에게 지원 요청을 했다. 재정 파탄으로 혁명 전야에 있던 프랑스도 지원할 형편이 아니었다.

그 사이 응우옌 푹 아인은 사이공을 점령했다. 그는 군벌 보 타인을 사위로 삼아 다시 지단(사이공)을 장악하고 금으로 만든 꽃을 사이암에 조공으로 받쳐 지원을 얻어냈다. 6년여 만에 돌아온 베엔느 주교는 프랑스와의 동맹을 주선하는 일은 실패하였지만 사비를 털어 용병을 모집했다. 주인이 수시로 바뀌었던 사이공을 보방식 요새로 개축했다. 사이공 성이 완공된 이후 응우옌 푹 아인의 확고한 통치하에 놓였다.

또한 베엔느 주교는 사재를 털어 최신형 프릿킷함 2대와 용병 300명을 끌어 모아 응우옌 푹 아인을 도왔다. 이런 국제적이고 개방적인 성격이 떠이 썬을 이겨낼 원동력이 되었다. 거기에 메콩 델타의 경제적 능력이 큰 도움이 되었다.

결국 응우옌 푹 아인은 프랑스 세력을 앞세워 떠이 선 왕조를 물리치고 베트남의 마지막 왕조인 응우옌 왕조를 열고 남북을 통일하였다. 이때부터 국호를 비엣남으로 부르게 됐다.

선진 기술로 무장한 군대는 재래식 무기를 가진 수적으로 우세한 적을 물리칠 수 있다는 사례를 보여주었다.

1802년 통일을 이루어낸 응우옌 푹 아인은 오늘날의 베트남 영토의 영역을 확보했으며 1803년 '남비엣'이라는 국호를 인정해달라는 사절단을 청나라에 보냈다. 청나라 정부는 '남 비엣'이라는 국호가 예전 찌에우 다가 건국했던 '남비엣'과 겹친다며 '비엣남'이 어떠냐고 먼저 제안했고 응우옌 푹 아인은 제안을 받아들였다. 이렇게 '비엣남(베트남)'이라는 명칭이 생겨났다. 그러나 외세를 끌어들여 베트남을 통일한 대가는 컸다. 그 후 베트남은 외세를 몰아내기 위해 백년 동안 피의 전쟁을 치러야 했다.

레 왕조 말기 혼란 속에 농민들은 토지를 귀족들에게 빼앗기고, 가혹한 세금과 자연재해로 기아에 허덕이게 되었다. 농민들은 도적의 무리가 되었고, 크고 작은 농민반란이 끊이지 않았다. 베트남 최대의 농민혁명이 중부 베트남의 떠이선(西山) 지방에서 일어나 1786년 북부의 찐(鄭)씨 세력과 남부의 응우옌(阮)씨 세력을 타도하고 남북을 통일했다. 이에, 레 왕조의 마지막 왕 찌에우통(昭統)은 청나라에 구원군을 요청하였다. 하지만, 1789년 떠이선 농민혁명군이 청나라 군마저 대파했다.

떠이 선 왕조는 세계 최초의 농민 정권을 수립하였으나 형제간의 알력과 꽝쭝 황제가 요절하면서 24년 만에 무너지고 말았다. 떠이선 반군은 지주와 관료들을 처벌하고 그들의 재산을 백성들에게 나누어 주었다, 세금을 낮추고 창고의 문을 열어 배고픈 사람들에게 양곡을 나누어주었다. 반외세적인 성격과 개혁정책 등 농민혁명의 방식으로 중국의 개입을 차단하고 남북 베트남을 통일한 것으로, 응우옌 삼형제 중 특히 막내인 꽝쭝은 개혁군주로 현대 베트남인들에게 대단히 높은 평가를 받고 있다.

26 그날도 그랬을까?

그날도 하루 종일 비가 오락가락 했을까? 그날도 개들이 꼬리를 흔들며 짖어댔을 것이다. 그날도 예쁜 야쿠르트 아줌마가 진격하는 군인들에게 야쿠르트를 건네줬을까? 아닐 것이다. 그때는 야쿠르트 아줌마는 없었을 테고, 거리에 더 많은 사람들이 나와 월드컵에서 손흥민이 골을 터트렸을 때 보다 더 큰 환호성을 터트리며 감격에 겨운 어린 가슴으로 옆에 있는 사람이면 누구라도 껴안고 춤을 췄을 것이다.

그날도 그랬을까? 아마도 그랬을 것이다. 아니 확실히 그랬다. 그 기억이 몸에 각인된 것이다. 1975년 4월 26일이었다. 사이공을 에워싼 북베트남군 5개 군단, 17개 사단이 마지막 진격의 행진을 했다. 시민들은 진격하던 북베트남군 병사들에게 물도 건네주고, 반미(Banh My)도 건네주고, 바나나 잎으로 싼 찰밥도 건네주면서 박수를 치며 엄지 척을 해 보였을 것이다. 그때의 기억이 몸 어느 구석엔가 암호로 남아 있어 진격하는 것만 보면 사기를 북돋아주지 않으면 안 되는 줄도 알게 되었을 것이다.

그날도 하루 종일 비가 오락가락했을까? 그날도 개들이 꼬리를 흔들며 짖어댔을 것이다. 그날도 예쁜 야쿠르트 아줌마가 진격하는 군인들에게 야쿠르트를 건네줬을까? 아닐 것이다. 그때는 야쿠르트 아줌마는 없었을 테고, 거리에 더 많은 사람이 나와 월드컵에서 손흥민이 골을 터트렸을 때 보다 더 큰 환호성을 터트리며 감격에 겨운 어린 가슴으로 옆에 있는 사람이면 누구라도 껴안고 춤을 췄을 것이다. 나는 진격하는 병사처럼 사이공을 향한 마지막 언덕을 유모차를 밀며 넘었다.

축구 경기에서 베트남이 미국을 이긴 것이 아니다. 축구는 공정한 게임이다. 11명 대 11명이 공평한 조건에서 경기를 치른다. 혹시 기울어진 운동장일까 봐 전후반 진영을 바꾸어서 한다. 그러니 가끔은 한국 대표팀이 독일도 꺾을 수가 있는 거다. 그러나 전쟁은 강대국의 힘의 논리와 온갖 권모술수와 비열함이 다 내포되어있다. 미국이 2차 대전 때 쏟아부은 폭탄이 300만 톤인데 베트남전쟁 때 쓴 폭탄의 양은 이의 두 배나 되었다. 미국은 연평균 500억 달러를 퍼부었다.

4월 30일 새벽 3시 45분, 마틴 미국 대사가 급하게 국기 게양대의 성조기를 내려서 대사관에 대기시켜 놓은 헬리콥터에 올라탄다. 그리고 아침 9시, 대사관의 주요시설을 파괴한 폭파반과 미 해병대의 경비 병력을 태운 마지막 헬리콥터가 굉음을 내고 날아오른다. 북베트남군과 베트콩은 사이공 시가지에 시민들의 환호성을 받으며 무혈 입성하여 소련제 탱크가 대통령궁 담을 부수고 들어가기 불과 2시간 30분 전의 일이었다. 이로써 30년간에 걸친 미국의 베트남 개입은 종말을 고하고 만다.

그에 앞서 4월 19일 미국인 대부분은 탄 선 넛 공항을 거의 다 탈출하였고, 미국 대사관 굴뚝에는 기밀문서를 태우는 쾌쾌한 연기가 하늘로 피어올랐다. 4월 21일 남베트남의 응우엔 반 티에우 대통령은 금괴를 비행기에 가득 싣고 대만으로 꽁무니가 빠져라 도주했다. 4월 29일은 막바지 긴박감이 돌았다.

수백 대의 헬기가 굉음을 터트리며 미 대사관 옥상과 미 항공모함 사이를 긴박하게 오고갔다. 미국에 부역했던 수많은 남베트남인이 이 헬기를 타려고 몰려들어 담장을 뛰어넘으려 시도했지만, 미 해병대원들이 휘두르는 몽둥이와 최루탄 세례를 받아야 했다.

4월 30일 10시 45분 해방 전선기가 휘날리는 탱크가 대통령궁 철문을 부수고 경내에 진입했다. 감격에 어린 한 병사가 탱크에 걸린 해방전선 기를 빼어들고 건물 위에 아직도 물색을 모르고 휘날리는 남베트남 기를 밑으로 던지고 그 자리에 꽂았다. 해방의 깃발이 힘차게 사이공 하늘에 나부꼈다. 라디오 뉴스로 해방 소식을 들은 시민들도 일제히 깃발을 내걸고 거리로 나와 기쁨을 함께했다.

아비규환과 같은 종말이었지만 동시에 환희에 찬 시작이었다. 그것은 100여 년간 가장 강력한 제국주의 국가들(프랑스와 일본, 그리고 미국)과 피 튀기는 무장투쟁에서 베트남 민중이 거둔 커다란 승리를 의미하는 것이기도 했다. 그리고 그것은 억압받는 약소국가에 던진 희망의 찬가였다. 다음 날인 5월 1일, '사이공'시라는 도시 이름은 지구상에서 영원히 없어지고 베트남의 독립투쟁을 이끈 영웅의 이름을 딴 '호치민'시로 개명된다.

반공주의자 응오딘 지엠이 미국의 간택을 받아 남베트남 정권을 장악했다. 이후 진행된 일은 제네바 평화협정을 파기하는 행위였다. 응오딘 지엠 정권은 미국 중앙정보국(CIA) 지원 아래 남북 총선거를 무산시켰다. 응오딘 지엠은 친위 체제를 구축했고, 그의 동생 응오딘 누는 비밀경찰 총수가 되어 공포정치를 했다. 국가 관직에는 친인척과 가톨릭 관련자들만 넣었으니 이것이 부패의 온상이 되었다.

응오딘 지엠은 공산주의의 '공'자만 들어가도 민간인을 닥치는 대로 죽이고 학살하였다. 그는 독재정치와 학살로 집권 초기에 12,000명이 처형당했고, 1955~1958년까지 4만 명을 감옥에 보냈다. 이승만 못지않은 악랄한 독재자이자 반공주의자였다. 게다가 천주교 신자였던 지엠 정권은 불교를 무자비하게 탄압했다.

1963년 5월 8일 석가탄신일 후에 지역에서 승려들의 평화적인 종교행사 도중 경찰들이 강경한 진압을 시작했다. 6월 11일 지엠의 불교 탄압을 반대하는 시위 과정에서 틱꽝득 승려가 종교적 평등과 자유를 보장해 달라는 항의 표시로 소신공양으로 독재정권과 그 정권을 지원하는 미국에 항의하였다. 틱꽝득 스님은 사이공 한복판에서 가부좌를 틀고 앉았다. "지금 부터 내 몸에 불을 붙일 것인데, 내 몸이 앞으로 넘어가면 흉이니 모두 해외로 도피하고, 만약 뒤로 넘어가면 투쟁의 길이니 평화가 찾아올 것이다."

그리고 두 제자 스님이 휘발유를 뿌리고 불을 붙였다. 엄청난 고통 속에서도 가부좌 자세를 흐트러지지 않고 꼿꼿이 앉아 있다가 그의 법체는 뒤로 쓰러졌다. 틱꽝득 스님은 고통 속에서 평온하게 자유와 독립을 위한 불꽃이 되어갔다. 남베트남 정부는 틱꽝득 스님의 시신을 수습하여, 소각로에 넣어 8시간 동안 화장했으나 그의 심장은 전혀 타지 않았으며, 또 다시 2시간을 더 소각하였으나 그래도 타지 않았다.

이 장면은 기자들의 보도로 전 세계에 생방송으로 보도가 되면서 전 세계를 경악하게 하고 응오딘 지엠은 국제적 지탄을 받았다. 응오딘 지엠 정권은 약화되기 시작하고 남베트남의 반정부 세력은 베트남민족해방전선(NLF)을 결성해 응오딘 지엠 정권과 싸웠다. 이들이 바로 북베트남 정규군과 구별되는 베트남 코뮤니스트, 즉 베트콩이었다. 결국 지엠 정권은 CIA의 지원을 받은 쿠데타로 무너졌다. 케네디 정부와 미국 정부는 더 이상 지엠을 지지할 수가 없었다.

응오딘 지엠은 비밀 통로를 통해서 차이나타운으로 도망을 쳤지만 대세가 기울어진 것을 안 그는 모든 것을 체념하고 전화를 걸어 자신의 위치를 알렸다. 베트남 공화국 초대 대통령 응오딘 지엠은 악명 높은 비밀경찰 수장이자 자신의 친동생 응오딘 누와 함께 처형당했다.

1968년 1월 31일 자정 폭죽놀이를 신호로 베트콩들은 공세를 시작했다. 북베트남 인민군(월맹군)과 남베트남민족해방전선(베트콩)의 합동 대공세를 펼쳤다. 이른바 구정(舊正) 대공세였다. 구정(설날)은 음력을 쓰는 나라는 모두 중요한 명절이다. 베트남도 우리나라처럼 음력으로 설날을 쇠었기 때문에 설날에는 남북 베트남 모두 휴전에 들어가는 것이 불문율이었다.

이 기간에는 미군도 핑계 김에 연휴를 즐기기 위해 긴장이 풀어져 있었고, 게다가 설날에는 귀성인파와 차량이 인산인해를 이루었기 때문에 검문도 어려웠다. 베트콩은 이를 이용해 무기를 관 속에 넣어서 들어오는 등 철저하고 치밀하게 계획하였다. 베트콩이 남베트남의 100대 도시를 포함한 주요시설을 빠른 시간 내에 점령하였다. 구정 공세 당시 사이공의 미 대사관이 공병과 자살특공대에게 점령당하고, 1달 동안 미군 2만 명 이상이 사망했다.

응우웬 왕조 시절의 수도였던 후에는 한때 민족해방전선과 북베트남의 인민군에 의해 점령되었으나, 미군의 포격으로 도시 전체의 80%를 폐허로 만들어버리고야 후에를 탈환할 수 있었다. 북베트남과 베트콩은 군사적으로는 타격을 심하게 보았고 결국 패배한 전투였으나 전략적 승리를 얻었다.

북베트남은 지속적인 패배를 통해 여론전에서 승리했다. 이 때문에 구정 대공세는 베트남전쟁에서 베트남민주공화국이 승리하는 결정적 원인이 되었다. 구정 공세 이후 미국 내에서뿐만 아니라 국제적으로 반전 여론이 급속히 확산되었다. 1968년 5월 10일 반전 여론에 밀린 미국 정부는 프랑스 파리에서 북베트남을 상대로 평화회담을 시작했다.

파리평화협정은 1969년 8월 닉슨대통령의 안보보좌관 헨리 키신저가 북베트남 정치국원 레 툭 토와 단독 비밀회담을 가지면서 시작되었다. 1973년 1월 15일 닉슨은 북베트남에 대한 공격을 중지한다는 발표를 하였고 1월 27일 파리평화협정에 조인하면서 미국의 베트남전쟁 개입을 공식적으로 종결시켰다.

미국의 이름으로 세계 평화를 주관해야 한다는 워싱턴의 오만이 베트남 전쟁이라는 복병을 만나 호되게 혼이 나고도 아직도 정신을 못 차리고 오지랖을 떨고 있다.

누구를 위한 전쟁이었을까?
도대체 무엇을 위한 전쟁이었을까?
왜 알 수 없는 전쟁은 지금도 계속되고 있을까?

27 전쟁의 허무와 비인간성, 광기

통일을 이룩한 베트남을 종주하며 통일에 대하여 사색을 할 충분한 시간을 가졌다.
통일을 우리세대에 이루어 온전한 나라를 자손들에 물려주어야 한다는 소명감은 더
욱 선명해졌다. 전쟁의 허무와 비인간성, 광기에 대하여 사색할 시간을 가졌다.

미대사관의 주요시설을 파괴한 폭파반과 미 해병대의 경비 병력을 태운 마지막 헬리콥터가 요란한 금속성 진동음을 내며 사이공의 미대사관 지붕을 떠난 후 1975년 4월 30일 낮 12시 45분, 당시 20세의 어린 베트남 게릴라 구엔 투룽 키엔양에 의해 최초로 베트콩임시혁명정부 깃발이 높이 게양됐던 통일궁에는 지금도 그날의 해방을 기리는 무수한 붉은 깃발이 다시 내걸려있다.

통일을 이룩한 베트남을 종주하며 통일에 대하여 사색을 할 충분한 시간을 가졌다. 통일을 우리세대에 이루어 온전한 나라를 자손들에 물려주어야 한다는 소명감은 더욱 선명해졌다. 전쟁의 허무와 비인간성, 광기에 대하여 사색할 시간을 가졌다. 우리나라의 통일의 길은 아직 멀어 보이지만 얼마든지 여러 가지 장점들을 새롭게 결합한 아름다운 통일을 이룰 수 있다는 자신감이 들었다. 우리는 아직 통일을 이루지 못하고 분단 상태로 있지만 기술의 발전을 통한 큰 경제적인 번영을 이루었다는 장점도 있다.

전쟁은 죽음의 공포이다. 우리는 언제든지 화염에 불길이 치솟을지 모른다는 공포 속에서 자라고 철 들었다. 지금도 한반도는 미사일의 각도를 조금 비틀었을 뿐 미사일이 상시로 날아오르고 있다. 내 몸이 어디에 있든 바람 소리가 머리를 스치면 아찔하면서 소름이 돋는다. 의도를 하든지, 조금만 오류가 생기면 언제든지 내 정수리 위에서 터질 위험을 안고 살아가고 있다.

모든 생명의 최고의 목표는 생존이다. 인간의 감정도 생존에 깊이 연결되어 있다. 아기의 울음소리가 그렇게 듣기 싫은 것은 아직 안정된 생명을 가지지 못한 아이의 불안이 묻어나기 때문이다. 불쾌함, 분노와 같은 부정적인 감정은 목숨에 관계되는 상황에서 발생한다. 생명을 가진 모든 생물은 어떠한 상황에서도 살아남기 위해 몸부림을 친다. 전쟁은 그런 생명의 몸부림도 일순간에 무력하게 만든다.

북핵 문제도 그런 맥락에서 바라보아야 한다. 북한을 비이성적인 집단, 미친 집단이라고 생각하는 것은 위험한 생각이다. 북의 핵 개발 담론의 밑바닥에는 '안보 패러다임'이 있다. 1957년부터 한반도 남쪽에는 전술 핵무기가 배치되기 시작했다. 1972년에는 남한 전역에 핵탄두가 무려 763개나 배치되었다. 북핵 문제가 어렵게 꼬이는 데는 미국의 패권의식과 기독교 선민의식이 한몫을 담당했다는 것은 의심의 여지가 없다.

어떠한 어려움에도 불구하고 북한이 핵무기를 포기하도록 하는 당위성에는 변함이 없다. 북한이 핵을 포기하지 않으면 일본이 핵무장을 위한 명분이 되고 동북아에 핵 경쟁이 점화될 것이기 때문이다. 일본의 핵무장은 중국과 군비경쟁으로 이어져 동북아는 물론 세계평화에도 치명적인 재앙이 될 것이기 때문이다.

북핵 문제의 열쇠는 북한의 안전보장일 수밖에 없다. 북·미관계 개선이 없이 북핵 문제 해결은 없다. 당연히 경제제재부터 풀고, 정전협정을 평화협정으로 바꾸어야 한다. 북·미 수교와 불가침조약 체결 등 후속 조치들이 이어져야 한다.

베트남 전쟁을 다룬 영화의 대표작은 플래툰, 풀 메탈 재킷과 함께 '지옥의 묵시록'이다. 이 영화는 전쟁의 허무함과 참상, 그 공포가 가져온 광기의 지옥 같은 모습을 몽환적 묘사와 최고의 공포감으로 표현해낸 반전 영화의 대표작이다.

적진 깊숙한 곳에서 임무를 마치고 돌아온 윌러드 대위는 전쟁 스트레스로 정신이 황폐해진 후유증을 치유할 틈도 없이 또다시 새로운 임무를 받는다. 임무는 베트남-캄보디아 접경에서 부하들과 함께 이탈하여 자신만의 왕국을 건설한 커츠 대령을 암살하라는 명령이었다. 커츠는 광기에 빠져서 그곳에 사교 집단과 같은 자신만의 왕국을 만든다. 그는 미 당국의 통제를 벗어나 있었다. 윌러드 대위의 팀이 보트를 타고 커츠 대령이 있는 캄보디아 국경으로 이어지는 강을 올라가면서 갖가지 전쟁의 광기를 목격하게 된다. 윌러드의 여정은 겉으로는 모험이지만 동시에 전쟁의 허무와 비인간성, 광기에 대한 비유이자 자기발견의 여정이기도 했다.

베트남전쟁의 성격을 잘 이해하려면 이 전쟁이 남베트남과 북베트남 사이의 전쟁이 아니고 외세의 지배로부터 벗어나기 위한 독립 전쟁이라는 사실을 이해하여야 한다. 그들이 이 전쟁에서 싸운 대상은 미국이지만 크게 보면 서구 열강 세력이다. 그 서구의 세력들이 베트남을 식민지로 삼으려 하자 베트남이 독립 국가를 만들기 위하여 전쟁을 하게 된 것으로 이해해야 한다. 그것은 우리의 경우도 마찬가지다.

이 전쟁은 압도적 경제력과 군사력을 가진 미군이 폭격과 공습, 수색 섬멸 작전 과정에서 네이팜탄과 같은 대량살상무기를 투하하고 고엽제 등 화학 무기를 사용하여 무차별적으로 민간인을 희생시킴으로써, 미국 내에서 반전운동을 촉발시켰을 뿐만 아니라 미국의 국제적 군사개입에 대한 정당성에 커다란 오점을 남겼다.

승리를 거둔 북베트남도 둘로 분열되었던 나라를 하나로 만드는 기나긴 여정에 돌입했다. 그것은 갈라져 있던 기간보다 더 긴 여정이 될 지도 모른다. 전쟁만큼은 아니겠지만 그에 비견할 아픔과 고통이 뒤따랐다. 자본주의로 살아온 남쪽 사람들에게 사회주의로 바꾸어서 살려면 가진 자에게는 지옥의 나락을 맛보라는 것이나 다름없는 일이었을 것이다.

집단처형은 없었지만, 역사 바로세우기는 필요했다. 외부로부터 강요된 전쟁을 치렀던 나라는 이제 전쟁이 끝나면 애국자와 부역자로 국민은 양분된다. 미국에 빌붙어서 부귀영화를 누렸던 정치인, 사업가, 어용 지식인, 언론인들이 포함되었다. 그 과정에서 또 아픔이 있을지라도 아픈 역사를 반복하지 않으려면 역사 바로세우기는 필연이었다.

1976년 6월에 개최된 남북 베트남 통일국회에서 베트남 사회주의 공화국이 탄생하였다. 30여 년 아니 100년에 걸친 전쟁을 겪은 국토의 황폐와 갈라졌던 이념의 통합 문제는 간단한 문제가 아니었다. 1978년 남베트남의 개조 사업이 본격적으로 착수되면서 사회주의화와 통화개혁 등이 단행되었지만 작용에는 반작용이 따랐다. 이러한 일련의 조치는 호찌민시의 경제적 실권을 잡고있는 화교의 대량 이탈 사태를 야기했다. 보트피플의 대부분은 화교들이었다.

베트남은 통일 이후 많은 시행착오를 겪어야 했다. 사회주의식 집단주의와 하향식 통제가 경제를 깊은 수렁에 몰고 갔다. 그들은 사람들을 덩어리로 취급했다. 사람들을 개인으로 대접하지 않는다. 교조주의적 공산주의자들이란 계란을 깨뜨릴 줄만 알았지 오믈렛은 만들지 못했다. 그것이 축복받아 마땅할 통일 후 베트남은 역사상 그 어느 때보다 가난에 시달리게 했다. 통일 15년이 되는 90년도까지 베트남은 1인당 국민소득 2백 달러가 채 안 되는 세계 최대 빈국의 하나로 전락했다.

베트남은 공산당 서기장으로 취임한 구엔 반 린의 주도하에 1986년 12월에 열린 제6차 공산당대회에서 사회주의 노선을 수정하고 시장경제 도입을 전격 선언한다. 이것이 바로 도이모이의 시작이다. 국영기업 외에 사기업과 사유재산을 인정하면서 본격적인 경제성장을 위한 발판을 마련할 수 있게 되었다. 이후 매년 7~8%의 높은 경제성장률을 기록하면서 고속성장을 거듭하게 된다. 2006년 세계무역기구(WTO) 가입은 베트남 경제에 하나의 사건으로 기록된다. 이것은 베트남이 세계경제 질서에 통합되었음을 의미한다.

하나의 목표가 달성되면 또 다른 목표를 향해서 달려가게 마련이다. 이제 꼬박 두 달간의 베트남 종주가 끝나고 캄보디아 국경을 넘었다. 캄보디아가 낳고 한국이 키운 당구 여신 스롱 피아비의 나라이다. 엊그제는 호찌민에서 꿀 같은 휴식을 취하면서 호찌민 원불교 교당에 가서 법회에도 참석했다. 가녀린 듯 강골 같은 한진경 교무님이 그 어려운 해외교화에 힘쓰시는 모습이 애잔했다.

"개인이 아무리 도덕적이고 이타적이더라도, 그들이 모인 사회는 구조적으로 비도덕적이고 이기적으로 타락한다."라는 말을 사색하며 국경선을 넘다가 이민국 직원하고 암암리에 거래하는 브로커에게 그런 줄 알면서도 경미한 사기를 당했다.

캄보디아

28 이방인은 없다. 내가 미처 만나지 못한 친구들이 있을 뿐이다.

국경 마을에서 하루 자고 프놈펜을 향해 달리노라니 캄보디아 한인회장 정명규 씨를 비롯하여 한인회 임원 몇 분과 원불교 프놈펜 교당 정승원 교무와 바탐방 교당 김경선 교무가 국경선 근처까지 마중을 나왔다. 아마도 원로교무이신 박청수 교무님의 무언의 압력도 조금 작용하지 않았나 짐작한다.

"나 일어나 가리라, 지금, 항상 밤낮으로"

캄보디아 국경을 넘으니 카지노 호텔들이 즐비하다. 베트남에서는 허용이 안 되는 도박을 국경선을 넘어서 하고 가는 사람이 많은가 보다. 1번 국도는 비교적 최근에 포장한 듯 넓고 산뜻했지만 주변에는 공사현장이 많아서 먼지가 많이 날렸다. 국경을 넘으면 제일 먼저 해야 하는 일이 핸드폰 유심카드 갈아 끼우는 일과 환전하는 일이다. 유심카드를 사려고 잠시 가게 앞에 나의 '한혈마'를 세워두고 들어갔는데 돌아보니 웬 비닐봉지가 걸려있다.

눈 깜짝할 사이였다. 캄보디아에서는 눈 깜짝할 사이에 많은 것이 없어진다는 충고를 수도 없이 들었던 터이다. 아차 싶어서 급히 나가 보았다. 비닐봉지 안에는 소주 한 병과 포카리스 한 캔, 그리고 치즈 케익 한 조각이 담겨있었다. 기가 막힌 조합이었다. 목마르고 배고프고 적적하던 나에겐 말이다. 주위를 둘러보아도 편의점이나 보이는 사람은 없었다. 누구지? 누굴까? 내가 전생에 나라를 구했었나? 누가 나를 위해 산타가 되어주었을까?

야자수 나뭇잎 사이로 눈부신 해가 떠오른다. 강물이 용의 트림처럼 굽이쳐 흘러간다. 메콩 강이다! 중국 칭하이 성 티베트 고원의 해발 4,900m가 넘는 곳에서 발원하여 중국 윈난 성을 가로질러 남쪽으로 향한다. 이어 라오스와 타이의 국경, 미얀마와 라오스의 국경 일부를 흐르다가 라오스, 캄보디아, 베트남을 거친 뒤 호찌민 남쪽 넓은 삼각주에서 남중국해로 흘러 들어간다.

강물은 흘러가고 나는 달려간다. 물은 멈추면 썩고 나는 멈추면 피폐해진다. 모든 것은 흐르고 연결되어 있다. 생명은 흐르거나 달리면서 건강을 유지한다. 강물은 꾸불꾸불 흐르고 나는 뒤뚱뒤뚱 달린다. 이제는 동에서 서로 달려서 유럽의 로마 바티칸까지 달려간다. 등에서 비친 해가 앞으로 길게 내 그림자를 만든다. 어둠과 빛 사이에서 수천, 수만 개의 다른 그림자들이 만들어진다. 동시에 기억의 그림자들이 길 위에 누워있다. 그것은 내게 기쁨이고 희망이었으며 고통이었다.

나는 누군가가 바람을 불어넣어 주어야 앞으로 나가는 돛단배 같은 불안정한 사람이었다. 미성숙한 성정에다가 고집 세고 자존심은 세서 사회적응력이 떨어졌다. 거기다 매정한 경쟁만이 존재하는 사회에서 나는 항상 뒤처졌다. 내 삶은 아주 좋은 조건이 따라주지 않는다면 여지없이 좌초하고 말 조각배 신세였다. 그러다 뒤늦게 나도 모르게 내게 '평화마라톤'이라는 바람이 불었다. 뒤늦게 만난 이 바람이 나처럼 불안정한 조각배를 넓은 바다로 나가서도 순항하게 만들었다.

국경 마을에서 하루 자고 프놈펜을 향해 달리노라니 캄보디아 한인회장 정명규 씨를 비롯하여 한인회 임원 몇 분과 원불교 프놈펜 교당 정승원 교무와 바탐방 교당 김경선 교무가 국경선 근처까지 마중을 나왔다. 아마도 원로교무이신 박청수 교무님의 무언의 압력도 조금 작용하지 않았나 짐작한다. 그는 한국의 마더 테레사로 불리고 있다. 그는 전 세계 55개국을 찾아 소외계층의 고단한 삶의 현장을 직접 살펴보고, 무지·빈곤·질병 퇴치에 힘쓴 것은 아무나 따라할 수 없는 큰 사명감을 가진 사람의 무아봉공(無我奉公) 한평생이다.

특히 그는 34년 동안 캄보디아 돕기를 계속하고 있다. 바탐방에 2013년 무료국제병원을 세웠고, 전 국민 수보다 더 많은 지뢰를 제거하기 위한 활동을 했으며, 내전으로 고아가 많아 고아원을 세웠고, 승려 장학금을 지급했으며, 단기교사 양성 기금을 지원했다. 원광탁아원을 운영하고 있다. 그런 그가 이번에는 강명구 평화마라톤을 적극 후원하고 있다.

"지뢰는 잠들지 않는 영원한 적군"이라는 말이 있다. 캄보디아는 아직도 정글의 깊은 곳이나 논과 밭으로 경작할 수 있는 그러나 다니지 않는 곳에는 예전 크메르루주가 도망가면서 좇아오지 못하도록 묻었던 지뢰들이 많이 있다고 한다. 캄보디아는 세계 최대 지뢰 매설국의 하나이며 희생자만도 4만 5천 명에 이른다고 한다.

캄보디아 역사는 무수한 전쟁과 침탈의 반복이라고 해도 과언이 아니다. 아마 〈킬링필드라〉는 영화 제목 들어보신 분들이 있을 것이다. 여기도 미국이 등장한다. 당시 캄보디아의 초대 수상은 노르돔 시아누크였다. 그는 비동맹 중립외교를 펼쳤으니 미국은 그를 못 미더워 했다. 캄보디아가 호찌민 루트로 활용되는 것에 불안감을 느꼈던 미국은 론 놀 장군을 사주해 쿠데타를 일으켜 그를 축출했다. 미국은 그 악마 폴 포트에게 정권을 쥐어준다. 정말 미국은 나쁜 짓에는 어디에도 빠지지 않는구나!

폴 포트는 정권을 잡자 나라를 개조한다는 명목으로 지식인과 성직자를 포함한 대규모 학살을 자행한다. 그 숫자를 정확히 파악한 자료는 지금껏 하나도 없다. 단지 15만 명에서 최대 170만 명이 된다는 이야기가 있을 뿐이다. 예이츠는 그의 시에서 변화하지 않는 이데올로기에 경도될 때 움직이는 심장마저 돌이 된다는 구절이 생각난다.

그 영화 속에 녹아있는 암울과 고통이 30년 이상이 지난 지금까지도 사람들 마음속에 트라우마로 고스란히 남아있다. 트라우마는 마음속의 지뢰이다. 언제든지 밟으면 터져버린다. 캄보디아는 1999년에야 비로소 공식적으로 내전이 끝났다.

여기 용감한 동물 상을 받은 '마가와'라는 이름이 붙은 아프리카 도깨비쥐가 있다. 2013년 탄자니아에서 태어난 마가와는 벨기에의 비정부기구 대인지뢰탐지개발기구에서 특수훈련을 받았다. 사람이 테니스 코트만한 넓이의 땅에서 지뢰를 탐지하려면 금속탐지기로 나흘 정도가 걸리지만, 마가와 같은 설치류는 30분이면 탐지를 마칠 수 있다고 한다.

냄새로 땅속에 묻힌 지뢰를 찾는 훈련을 받은 마가와는 지난 2016년 캄보디아에 배치되어 100개 이상의 지뢰를 발견했다. 마가와는 영국의 동물보호단체 PDSA로부터 용감한 동물에 수여하는 금메달을 받았다.

경제적으로는 세계 최빈국에 속하지만 가옥이나 사람들 삶은 그리 나빠 보이지 않았다. 산이 보이지 않고 끝도 없이 펼쳐지는 비옥한 충적평야는 사람과 소와 염소를 먹이기에 충분하고도 남을 정도이다. 소들은 풀어놓으면 아침에 자기들끼리 들판으로 출근해서 해가 뉘엿뉘엿 넘어갈 무렵이면 배를 채우고 알아서 집을 찾아온다. 앞마당과 들판에는 온갖 과일나무들이 비료를 주지 않아도 열매를 주렁주렁 매달고 있고, 개울이나 저수지에는 온갖 물고기들이 잘 자라고 있다.

과연 무엇이 경제력이란 말인가? 이렇게 들판이 풍요로운데, 그래서 곡식과 과일이 풍부하고 소와 돼지와 닭이 잘 자라고 있어서 먹을 것 걱정할 이유가 없는데, 국가에 미국 돈 달라가 없어서 가난하단 말인가? 친구들은 스마트폰이 있는데 자기는 없는 것에 열등감을 느껴 자살한 아이의 죽음을 막지 못했음을 자책하는 김경선 교무의 촉촉한 눈망울이 마음에 걸린다. 자본주의가 만들어낸 가짜 가난 속에서 진짜 풍요로움을 만끽하지 못하는 것이 가슴 아프다.

'하늘나라의 옷감'
내게 금빛 은빛으로 수놓아진
하늘의 옷감이 있다면
밤의 어두움과 낮의 밝음과 어스름한 빛으로 된
푸르고 희미하고 어두운색의 옷감이 있다면
그 옷감을 그대 발밑에 깔아드리련만,
나는 가난하여 가진 것은 꿈밖에 없으니
그대 발밑에 내 꿈을 깔아드리오니
사뿐히 즈려밟고 가시옵소서, 그대가 밟는 것은 내 꿈이기에.
-윌리엄 버틀러 예이츠

"여기 이방인은 없다. 오로지 당신이 아직 만나지 못했던 친구들이 있을 뿐이다." 예이츠가 남긴 명언이다.

　나는 오늘도 내가 아직 만나지 못했던 세상 곳곳의 친구들을 만나기 위해 발걸음을 옮기고 있다. 발걸음 뒤에 사람들과 만났던 이야기가 졸 졸졸 흐르고 있다. 뒤뚱뒤뚱 뒤뚱뒤뚱! 기억의 그림자도 내 발걸음처럼 뒤뚱거린다.

29 마하 고사난다

마하고사난다가 붓다의 법문 한 구절을 읽기 시작했다. 그것은 다음과 같은 내용이었다. "미움은 미움에 의해선 결코 멈춰지지 않으니 오직 사랑으로써만 치료된다. 이것은 아주 옛날부터 전해져 온 영원한 법칙이다."

절름발이 걸음으로 달려온 길, 달린다는 말이 낯 부끄럽게 느리지만 그래도 나는 달린다. 느릿느릿 달리니 더 많이 보인다. 세상이 더 넓어 보인다. 더 아름다워 보인다. 길거리 소년들의 웃음이 더 많이 보인다. 더 많은 손짓이 보인다. 청량한 바람이 가슴속에 들어 마음의 크기가 점점 커지는 것을 느낀다. 복잡하게 얽혀있던 것 같은 세상의 모든 이치가 평범하다는 것을 자연히 알게 된다. 근원을 알 수는 없지만 해맑은 표정의 미소 속에 그 행복이 담겨있다.

큰 호흡은 명상에 도움을 준다. 마라톤을 하면서 큰 호흡을 하는 동안 명상하기에 좋다. 명상은 참 자아를 찾아가는 길이다. 상실되었던 나를, 숨어있던 나를, 잠재해 있던 나를 찾아가는 여행이다. 참 자아를 찾아내면 잠재한 능력을 발견할 수 있다. 자유로워지는 것을 느낀다. 초능력을 발휘하는 것하고는 차원이 다르다.

평화를 만드는 우리는 우선 나 자신과 화해를 해야 한다. 그러기 위해 고독 속에 걸어 들어가야 한다. 고독을 잘 다스리면 불안이 제거된다. 고독이 승화된 결정체를 가지고 가능한 한 이웃과 자주 만나서 내 자신과 화해하고, 내 나라와 온 세상과 화해해야 한다. 평화를 향한 나의 여정은 날마다 새롭게 시작된다. 화해가 바로 우리의 삶이다. 세상의 모든 사람을 이 여행에 초대해야 한다. 나 자신을 위해 화해하듯이 세상을 위해 화해하는 것이다.

"이 나라 너무 마음에 드네요! 아무래도 다음에 무슨 핑계를 만들어서라도 다시 오고 싶네요! 풍요로운 들판, 그 위에 평화롭게 풀을

뜯는 소. 가만히 보면 소들은 쉼 없이 풀을 뜯네요. 서두르지 않아
요!"저 들판에 뛰노는 아이들의 얼굴을 보세요.

힌두교와 불교에서는 '단어'의 힘을 믿는다. 그건 아마 기독교도
마찬가지이리라! 그래서 주문을 외운다. 주문을 천 번 이상 반복하면
강력한 힘을 가진 만트라가 된다는 것이다. 반복적인 신체활동은 마
음을 집중시키는데 도움을 준다. 나는 이 풍요로운 벌판을 달리면서
영주를 끝없이 반복하여 독송한다.

천지영기 아심정
(天地靈氣 我心定 천지기운 나의 기운 마음으로 하나 되어)
만사여의 아심통
(萬事如意 我心通 세상만사 여의롭게 내 마음에 통한다네)
천지여아 동일체
(天地與我 同一體 천지는 나, 나도 천지 한 몸으로 감응되어)
아여천지 동심정
(我與天地 同心正 내 마음이 천지 마음 하나 되어 바른 마음)
 그리고 찬송가도 반복해서 벌판 끝까지 퍼져나가도록 부른다.
내 영혼의 그윽이 깊은 데서
맑은 가락이 울려나네
하늘 곡조가 언제나 흘러나와
내 영혼을 고이 싸네!
평화 평화로다.
하늘 위에서 내려오네!
그 사랑의 물결이 영원토록

내 영혼을 덮으소서!

'평화의 미래'는 폭력으로 미쳐 발광하는 현실에서도 미래의 평화를 꿈꾸는 사람들에 의해서 굳건히 유지된다. 여기 폭력으로 미쳐 날뛰던 때에 평화를 꿈꾸고 묵묵히 실천하던 사람의 이야기가 있다. '캄보디아의 간디'로 불리는 승려 마하 고사난다는 자신의 온 가족을 살해한 자들에게도 위로의 말과 행동을 전한다. 그의 가르침은 너무 평범해 오히려 새롭다. "미움은 미움으로 평정될 수 없다. 사랑을 통해서만 미움은 평정된다."

태국과 캄보디아 국경의 난민촌 수용소 안에서도 지하 단체인 크메르 루즈의 수용소 지도자들은 누구든지 절에 가는 사람은 죽이겠다고 위협했다. 하지만 마하 고사난다가 절을 처음 개원하는 날 2만 명이 넘는 사람들이 법회가 열리는 천막 절에 몰려들었다. 이들은 대부분 대학살에서 구사일생으로 살아남은 사람들이었다. 마하 고사난다는 천 년이 넘게 불리어 온 전통적인 찬불가로 법회를 시작했다.

내전이 벌어지고 크메르 루즈 정권 하에서 스님들은 붙잡혀가고 죽고, 절이 파괴되는 8년 동안 법회는 중단되고 찬불가들은 엄격히 금지되었지만, 지구상의 누구보다도 많은 슬픔과 불행을 겪은 이 사람들의 가슴속에는 아직 그 노래들이 생생히 기억되어 있었다. 이윽고 마하고 사난다가 붓다의 법문 한 구절을 읽기 시작했다. 그것은 다음과 같은 내용이었다.

"미움은 미움에 의해선 결코 멈춰지지 않으니 오직 사랑으로써만 치료된다. 이것은 아주 옛날부터 전해져 온 영원한 법칙이다."

그가 이 법문을 반복해서 암송하는 동안 수천 명의 사람이 그와 함께 그것을 따라 암송했다. 그들은 그 구절을 계속 암송하는 동안 만트라가 되어 하나가 감동을 받아 흐느끼니 이윽고 저마다 흐느껴 울기 시작했다. 놀라운 기적이 일어나고 있었다. 트라우마에 갇혀 바싹 마른 장작과도 같았던 그들의 가슴이 용서의 마음이 생기기 시작했다. 마하 고사난다의 존재와 그가 낭송하는 진리는 그들이 참아야만 했던 슬픔보다도 더 큰 광명이었던 것이다.

공산주의자 크메르 루즈가 미쳐 날뛸 때, 그들은 불교를 완전히 근절하려고 시도했고 거의 불교를 말살시켰다. 거의 모든 승려와 종교 지식인이 살해되거나 추방되었으며 거의 모든 사원과 불교 사원 및 도서관이 파괴되었다. 마하 고사난다는 타이-캄보디아 국경에 망명해 고행을 하며 절을 세우고 캄보디아 비구를 양성했다. 그는 난민들의 마음에 평화를 되찾아주고, 캄보디아를 다시 재건하기 위해 난민촌을 돌아다니며 설법을 펼쳤다.

마하 고사난다는 1991년 파리에서 평화협정이 체결될 때까지 사랑과 자비로 캄보디아의 정신적 지주가 되었으며, 이후에도 동남아, 세계평화 등을 위해 다양한 활동을 펼쳤다. 1992년에는 전국적 평화행진을 이끌기 시작했고, 뒤이어 캄보디아 전역에 걸쳐 수많은 평화 걷기 운동을 이끌었다. 그는 캄보디아 어린이들의 아버지, 살아있는 국보, 살아있는 진실, 평화중재자 등으로 널리 알려져 있었다. 그는 유명한 명상가이며, 15개 국어를 구사하는 유명한 번역가이기도 했다.

  캄보디아는 불교에 진심인 나라다. 태어나면 절에서 스님의 축복을 받고, 어린이들의 초등 교육은 대부분 불교 사원 학교에서 이루어진다. 남자들은 일정 기간동안 출가수행을 거친다. 결혼식에도 스님들을 초청해 공양하고 늙으면 절에서 살다 죽으면 절 마당의 유골탑에 안장된다. 삶의 시작부터 마지막을 모두 불교라는 울타리에서 함께한다. 따라서 캄보디아의 불교는 그 자체로 국민과 국가의 정체성이다.

  불교는 기본적으로 연기설에 입각하여 모든 것에 집착이나 증오를 버리고, 상호의존적 존재임을 깨달음으로써 동체대비를 실현하고자 한다. 따라서 캄보디아인들은 비교적 낙천적이고 유순하며 가족 공동체를 중요시한다.

30 메콩강의 눈물

"아! 메콩 강이다."하는 탄성이 절로 났다. 이 다리를 넘으면 프놈펜이다. 거기서 보이는 강의 풍광이 좋거나 웅대해서가 아니다. 내가 꼭 만나고 싶은 강이었기 때문이다. 앞으로 이 지역이 정치적으로 안정된다면 세계 경제성장의 중심지가 될 '강(江)'으로 주목해야 하겠기 때문이다.

끝없이 이어지는 길을 따라 끝없이 이어지는 풍광, 마음도 함께 달린다. 기진맥진하여 여기가 한계라고 느껴질 때가 있다. 어제 오늘이 그렇다. 그러나 하룻 밤 자고 일어나면 몸이 고무공처럼 가볍게 통통 통 튈 때가 있다. 그런 내일을 기대하며 오늘 저녁은 푹 쉬어야지! 내일은 내일의 해가 뜨겠지!

구김살 없고, 너무나도 행복한 모습으로 달려오는 아이들의 함박웃음이 담긴 사진을 얻고 싶어 카메라를 들이대면 아이들은 그만 도망가고 만다. 그저 바라보고 있는 것만으로도 마음이 저절로 정화되지만 더 많은 사람과 공유하려는 욕심은 채울 수가 없었다.

가난해도 비굴함과 하늘을 원망하는 듯한 눈동자가 아닌 온화하며 평온한 눈동자의 그 길 위의 사람들, 그 길 위의 여인들. 꾸며도 꾸며도 천박한 아름다움이 있는가 하면 흙 속에 묻혀있어도 빛나는 자연스런 보석 같은 아름다움이 있다.

화장기 대신 먼지를 뒤집어쓴, 강렬한 태양 아래 삶은 어쩔 수 없이 그늘질 수밖에 없지만, 그 얼굴에 잔잔한 미소를 띠울 때면 60이 넘은 사내의 가슴도 요동을 친다. 내 가슴에 밀려오는 감정의 물결은 깊은 신비감이다. 불만과 불행으로 절어 있어야 하는 환경에도 호수처럼 맑고 깨끗한 표정, 웅숭깊은 눈동자, 풍요로운 벌판의 고요 같은 평온한 미소에 내 가슴은 아직도 철없이 반응한다.

문화는 서로 다르기 때문에 평등하다. 문화에는 열등함도 우월함도 없다. 거기에는 민족적 특성과 독특한 자연환경에 적응하며 살아온 흔적만이 깃들어 있다. 그것을 사랑과 존경을 담은 시선으로 바라 봐주는 것은 일종의 예의이다. 예의를 표하는 것이야말로 친구가 되기 위한 첫걸음이다. 한 나라의 역사와 삶 속에는 무수히 많은 이야기가 살아 숨 쉬고 있다. 그 이야기에 귀 기울일 줄 아는 것도 기본자세이다. 그냥 아름다운 풍광과 역사 유적지를 찾아다니는 것은 친구가 되기 위한 자세가 아니다.

캄보디아 전통의 나무집이 대부분이다. 캄보디아 전통 집은 나무 기둥을 사용한 2층 집이 대부분이다. 1층은 빈 공간으로 하여 통풍이 잘되게 하여 더위를 피하고 야생동물로부터 안전하기 위해서다. 1층은 휴식공간으로 한쪽에 평상을 놓고 해먹이 걸려있다. 간단한 가재도구와 부뚜막이 있어 부엌 역할도 한다. 사방이 뻥 뚫린 구조라 그늘과 선선한 바람이 든다. 2층은 칸막이 없는 큰 방 하나로 되어 있다. 사계절 더운 나라이니 아무 데서나 누우면 잘 수 있는 구조다.

대부분의 집 앞에는 '삐엉'이라는 큰 물독이 있는데 건기에는 물이 부족하여 빗물이나 지하수를 담아 놓고 쓰는 것이다.

도로는 지면보다 1-2m 정도 높다. 대지는 저지대여서 논이거나 물이 고여 있다. 물과 나무의 나라 캄보디아에는 자연이 주는 재료로 자연과 어우러진 집을 짓고 산다. 열대기후로 다양한 수종의 나무들이 자란다. 집은 나무 기둥을 세우고 널빤지로 바닥을 깔고 벽을 막았다. 우기에는 이런 가옥의 바로 아래까지 물이 차오른다.

동남아 대부분 지역에서 만나는 수상가옥은 비가 많이 오고 무더운 자연환경과 연관이 있다. 이런 가옥은 홍수를 피할 수 있고, 통풍이 잘

되고, 습기를 피할 수 있으며 동물의 공격으로부터도 안전하다. 또한 종교적인 세계관과도 연결된다. 가옥의 아래는 동물이 사는 공간이고 위는 사람이 살고, 그 위는 신의 공간이다. 동남아인의 삶에서 신은 늘 고려의 대상이며 삶의 일부이다. 지금도 그것은 변함이 없다.

"아! 메콩강이다." 하는 탄성이 절로 났다. 이 다리를 넘으면 프놈펜이다. 거기서 보이는 강의 풍광이 좋거나 웅대해서가 아니다. 내가 꼭 만나고 싶은 강이었기 때문이다. 앞으로 이 지역이 정치적으로 안정된다면 세계 경제성장의 중심지가 될 '강(江)'으로 주목해야 하겠기 때문이다. 5개 국가를 거쳐 흘러오는 메콩강은 인근 국가의 수많은 애환의 역사와 더불어 유구히 말없이 흘러 왔다. 다리 위에는 강바람의 시원함을 즐기기 위한 시민들로 북적였다.

중국 남부 티베트 고원의 해발 4,900m에서 발원한 메콩 강. 이 강이 관통하는 지역은 중국 윈난성을 시작으로 광시 장족자치구를 거쳐 미얀마, 라오스, 태국, 캄보디아, 베트남으로 이어진다. 이들 지역은 아직까지 최빈국이 대부분이지만 풍부한 노동력과 지하자원을 바탕으로 머지않아 메콩 강의 기적을 만들어낼 저력을 갖고 있다.

지금 내가 달리는 캄보디아 저지대 중앙에 있는 톤레사프 호는 동남아시아에서 가장 큰 호수이다. 이 호수는 톤레사프 강을 통해 메콩강으로 연결된다. 비가 많이 오는 여름에는 주변에서 흘러들어오는 물을 받아들여 저수지 기능을 하고, 물이 불어날 경우에는 다시 톤레사프강을 통해 메콩강으로 흘려보낸다.

메콩강은 상류로 올라갈수록 유역이 좁으며, 중국지역의 강수량이 적으므로 유량은 주로 라오스·타이·캄보디아·베트남의 강수량에 의해 좌우된다. 계절풍의 영향을 받아 우기와 건기의 차가 크며, 유량(流量)은 여름부터 가을에 증가한다.

메콩 강 거대한 삼각주는 수많은 작은 물길로 거미줄처럼 이어져 있다. 이 물길에서 흘러나오는 토사들은 아이러니 하게도 물을 거의 1급수로 끌어 올린다. 흙 속에는 오염원을 분해하는 강력한 힘이 있기 때문에 그렇다고 한다. 그래서 메콩강에는 산천어 종류의 어류와 재첩 같은 조개류가 서식하기 좋은 환경이기도 하다. 메콩강에는 300kg이 넘는 잉어나 메기 가오리 등 대형 어류들이 많다. 그것은 우선 수심이 깊고 유속이 빠르며 유기물이 풍부하기 때문이다. 홍수 때마다 많은 유기물이 유입된다. 고여 있는 물은 썩지만 흐르는 물은 썩지 않는다. 신선한 먹거리들이 고기들의 성장을 돕는다.

중국은 풍부한 수량으로 곡식 생산과 물류의 젖줄이 되고 있는 메콩 강을 란찬 강이라고 부르며 1990년대부터 11개 대형 댐을 만들어 수력발전에 활용하고 있고, 추가로 18개의 댐을 더 지으려고 하고 있다. 11개 댐만으로도 메콩강 수위가 급격히 낮아져서, 비가 조금만 적게 와도 동남아 5개국에 식수 부족 사태가 벌어지고 있다.

중국의 댐 건설과 잇따라 라오스와 태국의 댐 건설로 메콩강 생태계는 완전히 달라졌을 뿐 아니라 세계적인 곡창지역인 메콩 유역의 농사에도 치명타를 먹이고 있다.

강은 우리에게 어떤 의미일까? 강은 어떤 이에게는 생업의 터전이다. 농업과 어업 그리고 수력발전의 자원이다. 강을 중심으로 인간의 삶은 시작되었고, 문화가 시작되었고 당연히 역사가 시작되었다. 강을 따라서 길이 났고 강을 따라 사람과 물류가 오고갔고 문화가 들락거렸다. 그 옛날에는 고속도로와 같은 물류의 이동 공간이었다. 강은 휴식의 공간이고 추억의 공간이고 또한 생태의 보고이기도 하다.

강 주변의 비옥한 토지를 이용해 문명이 발달했고, 강은 국가 흥망에 중요한 역할을 했다. 강의 중요 기능 중 하나는 인간 생활에 필수불가결인 식수를 제공하는 것이다. 기후변화는 특히 개발도상국 사람들의 식수 부족현상을 가속화시키고 있다. 무분별한 개발로 강의 환경이 파괴되고 수질오염이 심해지면서 깨끗하고 위생적인 식수의 비중이 점점 줄어들고 있다. 강 위에서 삶을 이어가는 수상가옥은 동남아시아에서 흔히 볼 수 있는 풍경이다.

수상가옥은 자연환경에 순응하며 사는 오랜 삶의 지혜이다. 동남아시아는 우기의 영향이 크고 습도가 높고, 홍수나 태풍 등 자연재해의 위험에 항상 노출되어 있다. 이때마다 집은 물에 잠기거나 떠내려가서 피해를 입는데 수상가옥은 물난리를 피하기 용이하고 집을 짓기에 저렴하다. 어업활동이 편리할 뿐 아니라 강바람이 후덥지근한 날씨에 쾌적한 환경을 제공하여준다.

친환경적 생활공간은 우리 후손들에게 물려줄 자연유산으로서의 가치도 높다. 강은 사람만을 위해서 존재하는 것은 아니다. 각종 동식물들이 공존하는 공간이다. 가령 댐을 건설하면 주변 환경을 파괴하고 흐르던 물을 가두면 물고기들의 이동을 막고 주변의 동식물들의 식수가 없어지고 삶의 터전을 빼앗기게 된다. 인간의 필요에 의해서만 강을 개발하느라 환경이 파괴되어 생태계가 훼손된다면 결국 그 피해는 인간에게도 올 것이다.

유럽의 여러 나라를 가로지르며 흐르는 다뉴브강이 있다면, 동남 아시아의 중국, 미얀마, 태국, 라오스, 캄보디아, 베트남을 흐르는 강이 있다. 바로 메콩강이다. 메콩강은 티베트 고원에서 발원해 중국 윈난성을 거쳐 동남아 대륙을 관통하는 거대한 국제 하천이다. 메콩강 유역에 사는 인구는 무려 6천 5백만 명 정도라고 하니 메콩강이 동남아인들에게 끼치는 영향은 지대할 수밖에 없다.

우기의 밀림은 동물들에게는 낙원이다. 새들의 낙원인 씸빵, 멸종위기 종 사이머스 악어가 살고있는 프놈 파타오, 자연보호구역 세이마 등 메콩 유역에는 다양한 희귀동물과 생물들이 살고 있다.

31 벤투와 오드리 헵번

나는 그렇게 소망하던 나의 '마당'으로 60이 가까운 나이에 나왔지만 그곳 역시 만만할 리 만무이다. 절름발이로 '평화'를 부르짖으며 달리는 나는 분명 '신인류'이다. 나는 최소한 소망을 가지고 실천하며 살아가는 떠돌이 암탉이다. 세상에 만만한 건 없다. 다만 근거 없는 자신감이 충만할 때가 있다. 어떤 난관이 닥쳐오더라도 이겨 낼 수 있으리란 자신감 말이다.

내가 달리기로 '평화'를 외치며 온 세상을 누비며 다니게 된 시발점이 구제관 기자였다. 당시 뉴욕 한국일보 기자였는데 갑자기 본국으로 들어오라는 인사통보를 받은 뒤 연락이 끊겼다. 나는 늘 구 기자의 소식이 궁금했다. 그러다 캄보디아 교민단톡방에서 내 소식을 듣고 연락이 왔다. 13년 만이었다.

골프와 테니스가 나의 오랜 취미였다가 40대 중반에 생활에 여유가 생기면서 겨울에는 매 주말 스노우보드를 타러 다녔고, 봄이면 페러글라이딩을 배웠고 여름에는 웨이크보드와 윈드서핑을 배웠다. 승마도 배웠었다. 오십 즈음에 만능스포츠맨이 되었다가 또 마라톤을 뛰기 시작했다. 마라톤을 뛰기 시작하자 다른 것들은 다 시들해지고 말았다. 나는 끝없이 달리는 매력에 푹 빠져버리고 말았다.

그 무렵 같이 패러글라이딩을 하던 한국일보의 구제관 기자가 "운동을 좋아하시고, 테니스도 치시고 하시니 마라톤도 같이 하자"고 말하곤 했었다. 나는 그 때마다 운동은 재미가 있어야 하는데 재미도 없는 달리기를 뭐 하려 하냐면서 거절하곤 했었다. 건강을 위해서 하는 운동이라면 테니스로도 충분하다고 생각했었다. 그런데 그가 자꾸 딱 한 번만 같이 하자고 간곡하게 이야기를 하여 20년이나 젊은 친구와의 우정을 위해서 '딱 한 번'이라는 전제 조건으로 맨해튼의 센츄럴팍으로 뛰러 나갔다.

일요일 아침 센츄럴 팍은 자전거를 타는 사람들, 개를 데리고 산책하는 사람들, 달리는 사람들 연인끼리 쌍쌍이 손을 잡고 걷는 사람들로 활기가 넘쳤다. 공원을 외곽으로 한 바퀴 도는 길은 6마일 (10km)이었다. 구제관과 함께 달리기 시작했다. 나름대로 열심히 달리는데 사람들이 쌩쌩 앞으로 지나간다. 여자들도 앞으로 지나가고 할머니 할아버지조차 앞으로 지나간다. 운동을 전혀 안 하고 산 것도 아닌데 달리기로 여자들에게 지리라고는 상상도 하지 못했다.

나는 대책 없는 경쟁심이 발동하여 지나가는 여자를 따라붙으려고 막 달려가 보았다. 그러나 얼마 지나지 않아 숨만 헉헉거리며 뒤처지고 말았다. "저 사람들은 거의 매일 달리는 사람들이에요. 강 선생님도 석 달만 연습하면 저 정도는 금방 따라잡을 수 있어요." 구 기자가 말했다. "야! 딱 한 번만 하자고 하더니 석 달을 연습해?" 나는 석 달이 아니라 그 후 계속 달리기의 매력에 푹 빠져버렸다.

그렇게 달리기 시작한 것이 나의 인생의 물줄기를 확 바꾸어버렸다. 달리면 우뇌가 열리고 감각이 열린다고 한다. 이건 달리기의 아주 중요한 기능 중의 하나이다. 우리는 현대 산업사회의 근간인 논리적인 생각 위주의 좌뇌에 의지한 삶을 살도록 교육받아왔다. 현대 교육은 스스로 생각하는 힘을 기르기보다 이미 정해진 답을 요구하였다. 교육의 참 기능은 평생 배우려는 의욕을 고양해주는 데 있다. 배운 사람이 아니라 끊임없이 배우려는 사람을 양성하는 것이다. 그러므로 시험으로 우수한 학생을 구별하려는 시도 자체가 잘못됐다.

자신의 개성을 살리는 교육이 아니라 누군가에 의해서 정형화된 삶을 강요받았다. 사람의 생각이나 논리는 얼마나 협소하기 짝이 없는 것인가? 우뇌가 발달하면 감수성이 예민해지고 창조적인 감각이 열린다. 그것이 나의 삶을 바꿔버린 원동력이었다. 나는 우뇌가 발달한 사람이었는데 좌뇌적인 삶을 강요받아서 생기를 잃어버린 삶을 살고 있었다.

마라톤 풀코스를 뛰면 고통을 이겨내는 인내와 참을성 그리고 끈기가 생긴다. 무리하지 않는 경쟁능력이 생기고, 승패에 연연하지 않고 자신감이 충만하다. 부지런함이나 성실성은 물론 날씨와 코스 등 외부 조건에 순응하는 순응심이 생긴다. 동료들과 조화와 화합을 잘하게 되며, 화를 다스릴 수 있게 된다. 모든 주자에 방해나 불편을 끼치지 않는 질서, 코스를 잘라먹지 않은 도덕심까지 필요하다. 무엇보다도 장거리 달리기를 하면 세상을 향한 사랑과 평화에 대한 믿음이 생긴다. 기록을 향한 도전정신과 창의력과 용기도 빼놓아서는 안 된다.

그가 지난 월요일 대사관 환영행사에 찾아왔다. 그리고 오늘 주말을 맞아 캄보디아의 캄퐁 톰, 캄퐁 스베이 구간을 같이 달려주러 왔다. 나에게 마라톤의 기쁨과 고통을 알려주고 사라졌던 그가 내 '한 혈마'를 밀어주어 오늘은 훨씬 수월했다. 오래된 추억을 이야기하며 캄보디아 평원을 달렸다. 함께 달려도 나는 내 몫의 거리를 나 스스로 달리지 않으면 안 되었다. 때론 홀로이고 때론 같이 있을 수밖에 없는 것이 우리의 인간관계이다.

그렇게 시작한 마라톤 덕분에 나는 '마당을 나온 암탉'이 되었다. 마라톤 덕분에 닭장에서 '마당'을 살짝 보았다. 살짝 본 마당은 가슴을 뛰게 하였다. 마당을 보지 못하고 평생 알만 낳을 운명을 받아들였다면 어떤 꿈도 꾸지 않아도 되었을 것이다. 비쩍 마르고 털이 숭숭 빠진 한 마리 암탉이 꿈을 이루는 과정은 어려움을 극복해 나가는 두렵고 외로운 길이다. 암탉은 마당 밖으로 나와서 더 멋있어지지도 더 행복해지지도 않았다. 마당을 나온 암탉은 아무래도 곤경과 재난을 만나기 마련이다. 그것이 두려워 마당 밖으로 나오지 않을 것인가?

축구감독 벤투의 치명적인 단점은 새로운 실험을 하지 않는다는 것이다. 인적 변화 없는 게임은 언제나 답답했다. 언제나 그 나물에 그 밥이었다. 어떤 선수는 혹사 논란에도 풀타임 출전시키고 나머지 선수들은 장거리 이동해왔는데도 기회를 얻지 못하기 일쑤였다. 과감한 실험과 모험 없이 발전을 기대할 수는 없다. 관전자들이 혁명적인 변화를 요구하는 것이 아니다. 발전과 진보를 위한 최소한의 변화를 원하는 것이다.

다행히 이번 월드컵 결과가 좋았던 것은 이강인 선수의 라리가에서 활약이 워낙 빼어났었고 그런 이강인을 발탁 안할 명분이 없었다. 그러나 그는 여전히 벤치만 달구고 있었다. 우루과이전 초반에 결과가 좋았다면 기회는 오지 않았을 것이다. 이강인은 교체 되어 얼마 안 되는 시간에 그의 가치를 증명해 보였다. 그러고도 가나전에도 벤치만 달구고 있다가 두 골을 먹고 후반 교체로 들어갔다. 들어가자마자 게임체인저가 되었다. 그가 선발 출장한 포르투갈 전에는 승리를 거두었다. 그런데도 브라질전에는 선발명단에서 그가 빠졌다.

간혹 어떤 사람은 등장만으로 새 시대를 열어젖힌다. 신선한 상상력을 가지고 기존의 가치관에 의문을 던지는 신인류가 필요한 시점이다. 상생의 질서로 지구촌이 하나 되고 통일문화 시대를 열기 위해서는 과감하고 새로운 인재의 등용이 필요하다. 사고의 전환이 필요하다. 낡은 구체제 기득권 세력을 무너뜨리고 더 인간 중심적인 새로운 체제를 구축하기 위해서 혁신적인 발상의 전환이 필요하다.

그래서 평화 전환기의 시대에 오드리 헵번 같은 캐릭터가 필요하다. 더 정확하게는 '티파니에서 아침을'에서의 오드리 헵번이 연기한 '홀리'이다. 원작자인 트루먼 카포티는 오드리보다 마릴린을 선호했지만 영화감독의 오드리 선택은 성공적이었다. 1950년대 미국에서 여성은 아직 전업주부로서의 삶을 찬미하고 동경할 때였다. 특히 결혼한 여자는 남편의 부속물이나 마찬가지 취급을 받던 시대였다.

오드리 헵번의 작은 얼굴에 크고 검은 색안경을 쓰고 민소매 원피스에 긴 목을 장식하는 크고 넓은 진주목걸이는 몽상가적인 자유분방함을 잘 표현하는 포스터였다. 사람들을 매혹 시켰던 오드리의 '홀리'는 20세기 중반을 가르며 나타난 신여성이었으며 '신인류'였다. 그녀는 매혹적인 모습으로 여성에게 독립을 선사했다. 홀리는 사랑에 목숨을 걸지도 않고, 남편 등 뒤에 안주하는 삶도 거부했다. "'티파니에서의 아침' 이전에는 나쁜 여자들만 섹스를 즐길 수 있었다."라는 말도 있을 정도였다.

여성에게 자기 결정권이 없던 시대에 반항하는 홀리는 확실히 나쁜 여자였지만 시대를 바꾼 선구자였다. 이번 월드컵에서 벤투가 혹 좋지 않은 결과를 얻더라도 젊은 선수들에게 기회를 더 주었으면 관중들에게 더 많은 박수를 받았을 것이다.

나는 그렇게 소망하던 나의 '마당'으로 60이 가까운 나이에 나왔지만, 그곳 역시 만만할 리 만무하다. 절름발이로 '평화'를 부르짖으며 달리는 나는 분명 '신인류'이다. 나는 최소한 소망을 가지고 실천하며 살아가는 떠돌이 암탉이다. 세상에 만만한 건 없다. 다만 근거 없는 자신감이 충만할 때가 있다. 어떤 난관이 닥쳐오더라도 이겨낼 수 있으리란 자신감 말이다.

32 앙코르와트 가는 길

또 한 구간은 바로 옆의 돈래샵 호수에서 잡은 민물고기 구이를 파는 식당이 늘어서 있다. 동남아에서 제일 큰 호수인 돈래샵에서 수상가옥에 거주하며 어업에 종사하는 사람들은 아이러니 하게도 캄보디아 족이 아니고 모두 베트남 무국적 난민들이라고 한다. 이들은 베트남이 패망하자 보트를 타고 메콩 강을 거슬러 올라와 같은 지류인 돈래샵 호수에 정착하여 수상촌을 형성 하였다고 한다.

밀림 속에 전설로만 전해오던 신전이 있었다. 나는 불경스럽게도 비밀의 신전을 향하여 뛰어가고 있다. 내가 잡고 싶은 '진기한 나비'를 좇아 달려가고 있다. 나의 동반자 유모차 위에 꽂힌 캄보디아의 국기에는 앙코르와트가 중앙에 자리한다. 들판에는 벌거숭이 아이들은 뛰어놀고, 개들은 짖으며 달려들고, 새들은 나무 위에서 지저귄다. 다른 나라에서는 보지 못하던 흰 소가 풍요로운 평원 위에서 한가로이 풀을 뜯는다. 길 위에서 만난 사람들은 가난하지만 마음은 넉넉하고 표정은 밝다.

그들의 얼굴에서 킬링필드의 흔적을 찾기란 어려운 숙제였다. 그러나 그 잔혹한 살상극의 발단은 어이없게도 미국이라는 사실을 알게 될 뿐이었다. 베트남전이 한참 파국으로 들어설 때 미국은 독이 올라 북베트남군의 남침로인 호찌민루트가 캄보디아를 지난다는 이유로 캄보디아를 폭격했다. 수십만 명의 캄보디아인이 이 폭격에 잔혹하게 희생되었다. 미국의 지원을 받아 정권을 유지하던 론 놀 정권을 무너뜨리고 급진 좌익무장단체인 크메르 루즈가 정권을 장악하게 되었다.

크메르 루즈는 정권을 장악한 후 미국에 협력한 론 놀 정권 관련자와 지식인 승려를 모두 처형했다. 심지어 안경을 썼다는 이유로, 얼굴이 하얗다는 이유로 손이 곱다는 이유로 처형했다. 또한 급진적인 정책으로 수십만을 굶어죽게 했다. 나는 우리나라의 가난한 60, 70년대의 농촌 풍경과 같은 캄보디아의 평원을 달리며 우리의 근현대사를 돌아본다. 식민통치와 외세의 개입, 내전, 그리고 정권에 의

한 학살, 그 얼마나 같은 동병상련이란 말인가?

한 시간쯤 달리다 음식점이 보여 들어가 쌀국수를 시켰다. 어린 여자아이가 국수그릇을 어색한 표정으로 건네주고 종종걸음으로 사라진다. 베트남 쌀국수와는 뭔가 조금 다르다. 여기 면발은 가늘다. 베트남 국수는 야채 고명을 듬뿍 준다. 국수를 먹고 있는데 시엠립 한인회장이 나를 환영하러 찾아왔다. 한인회장은 앙코르와트의 동문을 출발하여 서문으로 앙코르와트를 반 바퀴 돌고 태국 국경 방향으로 달려가면 의미가 있을 거라 제안하여 그렇게 하기로 하였다. 바탕방의 김경선 교무가 지도하는 어린이 태권도팀도 같이할 것이라니 나로서도 보람된 일이겠다.

한인회 임원들과 헤어지고 조금 달리다 보니 어린아이 하나가 슬리퍼를 신고 내 옆으로 슬그머니 다가오더니 쫓아온다. 말이 안 통하여 눈빛을 한번 맞추니 아이의 어색하던 표정이 금방 별빛 달빛처럼 밝아온다. 눈맞춤은 어두운 방의 스위치 같은 역할을 하였다. 아이는 바지의 혁대가 없어 바지가 흘러내려 한 손으로 바지춤을 잡고 뒤뚱뒤뚱 뛰는데 그 모습이 어찌 우습던지 모르겠다. 내 뒤뚱거림과 아이의 뒤뚱거림, 우리는 뒤뚱뒤뚱 한동안 진기한 나비를 좇아 숲속을 헤매는 아이들처럼 한동안 그렇게 달렸다.

아이는 내가 좇아 헤매는 것이 '평화의 나비'인 것을 알기나 할까? 무슨 상관이랴! 지금 이렇게 평화롭게 달리고 있는데! 아이는 그 옛날 '진기한 나비'를 찾아 숲을 헤맸던 프랑스 생물학자 알베르 앙리 무오의 안내인처럼 가만히 놔두면 끝까지 나를 좇아올 태세였다. 나는 아이가 돌아갈 것이 염려되었다. 유모차를 뒤져 비상용으로 가져 다니던 캔디 한 봉지를 꺼내주고 돈 1달러를 손에 쥐어주었다. 아이는 얼굴이 연꽃처럼 함박꽃을 피우더니 꾸벅하고 머리를 조아리더니 뒤도 돌아보지 않고 왔던 길을 되돌아간다.

길 주변에는 대나무를 일정한 크기로 잘라 양 옆으로 이 열로 세워 놓고 밑에서 불을 지피고 있었다. 신기해서 다가가서 물어보았더니 대나무밥이란다. 몇 개를 사서 대나무를 벗기고 먹어보았다. 찹쌀과 검은콩을 대나무에다 넣고 바나나 껍질로 위를 막고 불을 지펴 끓인 찹쌀밥이라 밥에서 대나무 향과 바나나 향이 은은하게 풍겨 나왔다.

또 한 구간은 바로 옆의 돈래샵 호수에서 잡은 민물고기 구이를 파는 식당이 늘어서 있다. 동남아에서 제일 큰 호수인 돈래샵에서 수상가옥에 거주하며 어업에 종사하는 사람들은 아이러니하게도 캄보디아 족이 아니고 모두 베트남 무국적 난민들이라고 한다. 이들은 베트남이 패망하자 보트를 타고 메콩 강을 거슬러 올라와 같은 지류인 돈래샵 호수에 정착하여 수상촌을 형성하였다고 한다.

마침 점심을 먹어야 할 때임을 배꼽시계가 알려주었으므로 식당으로 들어갔다. 한국에서 메기는 고급 어종이고 메기 매운탕은 귀하다는 생각으로 메기구이를 주문하였으나 흙냄새가 나서 억지로 반이나 먹었을까? 닭구이를 다시 주문하여 식사를 마무리하였다.

앙코르 와트에 가까워지자 거대한 고목나무 가로수가 터널을 만들어주어 시원하고 쾌적하게 달릴 수가 있었다. 길옆에는 옛 크메르 제국 때 지어졌을 사암 다리가 우리의 청계천의 광통교나 수표교처럼 옛이야기를 주절거리듯 버티고 서있었다. 그 길옆에 한 아주머니가 밀림에서 채집한 꿀을 팔기에 얼른 다가가서 샀다. 마침 베트남에서 사 온 꿀도 떨어진 참이었다.

나는 평소에는 꿀을 안 먹지만 이런 긴 마라톤 여정을 소화할 때는 꿀을 상복한다. 꿀은 면역력을 높일 뿐 아니라 에너지의 소모가 극심할 때 에너지의 원천이기도 하고, 위장에 좋아 낯선 음식으로 복통에 시달릴 위험을 감소시켜준다. 특히 야생 꿀은 몸에 면역력 증강함과 동시에 혈액순환을 원활하게 하여주는 데 도움을 주기 때문에 나 같은 심혈관 질환을 앓는 사람에게 특히 좋다.

자연산 석청 꿀은 체온을 올려준다고 한다. 기초 체온이 올라감으로써 면역력 강화에 도움을 주고 허약체질의 기를 보해주는 효과가 있으며 수족냉증을 예방하는데 아주 좋은 작용이 있고 여성들 생리통에도 좋다고 한다.

캄보디아 밀림의 야생 꿀을 사서 나는 기분이 좋아졌다. 이번 여정은 사실 두 가지 목적이 있는 것이다. 하나는 '평화 통일'이라는 구호도 내세웠지만, 나의 병의 치유도 하는 기적이 일어나기를 내심 기대하고 있다. 달리는 동안 나는 몸과 마음의 자유를 느낀다. 최상의 자유를 느낄 때 신심은 최고의 기능을 한다. 지금 내가 누리고 있는 이 자유가 최고의 목표이고 삶의 보상이 된다.

뇌경색이란 병은 현대 의학으로 고칠 수 없는 병이기 때문에 끝없는 몸의 반복운동을 통해 조금씩 근육이 살아나고 신경이 살아나길

바랐던 것이다. 나로서는 일종의 극약처방인 셈이다. 피로는 뇌경색 환자에게 커다란 적이다. 나는 극심한 피로와 싸우며 기적을 만들어 가고 있는 것이다. 달리기는 내가 신에게 바치는 최고의 제천의식이다.

유래를 알 수 없는 거대한 문명이 왜 한순간 사라져 밀림 속에 숨어버렸을까? 지구상에 존재하는 가장 완벽하고 아름다운 불가사의, 이 사원은 우주를 지상에 구현한 것이다. 프랑스 생물학자 알베르 앙리 무오가 '진기한 나비'를 채집하기 위해 현지 안내원과 함께 시엠립의 밀림 속에 들어가고 있었다. 발견 당시 이 주변의 사람들은 이 밀림에 들어가면 신의 저주를 받는다고 두려워했던 곳이다.

다만 '진기한 나비'를 좇아 밀림에 들어왔을 뿐인데 갑자기 눈앞에 펼쳐진 장관에 넋을 잃고 말았다. 내가 오늘 본 경이로움과 마주친 것이다. 파란 하늘에 초록의 정글 한 가운데 우뚝 서 있는 이끼 낀 장엄함과 신비로운 곡선이 절묘하게 어우러져 자리하고 있었다. 그는 "그리스와 로마가 남긴 그 어떤 유적보다도 위대하다."고 탄성을 질렀다.

나는 다만 '진기한 나비'를 좇아 길을 나섰다. '평화 마라토너'라 불리는 내가 찾는 진기한 나비는 생물학자가 찾는 진기한 나비와 같은 것일 수는 없다. 나풀나풀 잡힐 듯 잡히지 않는 '평화의 나비'를 찾아 지구 끝까지 가면 나는 그것을 손에 넣을 수 있을까? 과연 내 몸이 치유되는 기적이 일어날 수 있을까?

33 앙코르와트와 개미의 성(城)

고독은 흙탕물의 황토와 같은 것이다. 흙탕물은 보기에는 더러워 보이지만 의외로 그 물 속에는 1급수에서만 사는 어종들이 많이 산다. 황토가 물을 정화시켜주는 작용을 할 뿐 아니라 유기물을 풍부하게 만들어준다. 그러니 마음의 심난한 자(者)들이여, 고독을 찾아 떠나라!

앙코르와트에서 맞이한 해돋이는 그 어떤 신의 피조물보다 더 장엄하다. 고대 찬란한 문명의 유산과 그 자랑스러운 후손인 아이들이 즐거워 천진난만한 웃음기 가득 머금은 얼굴 위로 솟아오르는 태양의 조화는 내가 지금껏 본 어떤 조화로운 아름다움보다 더 경이로웠다.

태양이 떠오르자 거대한 옥수수 열매 같이 생긴 세 개의 탑의 그림자가 해자 위로 비추니 그 몽환적인 분위기는 절정을 이룬다. 반영(反影)이 너무나 인상 깊은 해자이다. 해자는 인간과 신의 세계를 나누고, 외부의 침입을 막기 위해서이다. 또한 사원의 수해를 조절하는 기능이 있다. 비가 많이 오더라도 해자로 인하여 조절된다는 점이고 이 해자가 쉽게 범람하지 않는다는 점이 특이하다. 흐르지 않고 고여 있는 물이 썩지 않는 것은 물 바닥에 황토의 자정작용 때문이라고 한다.

김경선 교무가 지도하는 원광태권도클럽의 태권도 유단자 현지인 소년소녀들이 나와 동반 달리기를 하려고 새벽에 일어나서 합류하였다. 김경선 교무는 태권도 5단으로 태권도를 통하여 원불교 교화를 하고 있다. 새벽 6시 30분 우리들은 앙코르와트 동쪽 끝에서 기념사진과 구호를 외치고 함께 달렸다.

"One World! One Korea! Only Peace!"

아이들은 어제 시엠립 한인회 행사에서 태권도시범을 보이려 바탐방에서 왔다가 마침 나의 일정과 겹쳐 나를 응원해주려고 새벽잠을 설치고 일어났다. 5백 년을 숲속에서 잠들어 있다가 아직도 선잠에서 못 깨어난 고대문명의 신비를 간직한 아름드리 고목이 우거진 밀림 속 사원을 아이들하고 달리는 기분을 설명할 언어란 그리 많아 보이지 않는다. "기분 삼삼하다."라는 말 외에는.

알베르 앙리 무오는 현지 안내인 네 명과 함께 캄보디아의 밀림 속을 들어가고 있었다. 그런데 어느 지점에 도착하자 안내인들이 더 이상 들어가지 않겠다고 버티면서 더 들어가면 몇 백 년 동안 텅 빈 유령의 도시가 나오는데 그곳에 들어가면 신의 저주를 받아 죽는다고 했다. 무오는 텅 빈 유령의 도시가 있다는 말에 오히려 흥미를 느끼곤 직접 사실을 확인하고 싶었다.

앙코르와트를 처음 보고 고국으로 돌아 간 알베르 앙리 무오는 "솔로몬 왕의 신전에 버금가고 미켈란젤로와 같은 조각가가 새긴 것과 같다. 이것은 고대 그리스와 로마인이 세운 어떤 건축물보다도 더 장엄하다. 세계에서 가장 외진 곳에 세계에서 가장 아름다운 건축이 있었다니 믿어지지 않는다."고 전했다. 그러나 무오의 이 말을 믿어주는 사람은 없었다. 신의 저주를 받았을까? 무오는 이 사실을 증명해 보이지도 못하고 몇 년 있다 말라리아에 걸려 죽고 말았다.

12세기에 건설되어 천 년이 흘렀지만 부조(浮彫) 속 사람들의 표정과 손가락이 마치 살아 움직이듯 생생하다. 엄청난 위용과 섬세함, 그리고 영원이 풀리지 않을 것 같은 많은 신비함이 앙코르와트를 더 매혹적이게 한다.

주위의 나라들을 다 평정하고 평화를 구가하던 수리아바르만 2세가 최고의 신이라고 믿었던 비슈누 신에게 제국의 평화와 안녕이 영원하기를 비는 마음에 거대한 사원을 지어서 신에게 바쳤을 것이다.

앙코르와트는 힌두교 사원으로 건설되어 불교 신자였던 후대 왕 자야바르만 7세에 의해 불교 건축물과 혼용되었기 때문에 정확하게는 힌두교에 불교의 색이 덧입혔다.

크메르의 번영은 물과 관계가 깊다. 천년 전에 만들어진 당시 세계 최대 규모의 벼농사용 인공 저수지 웨스트바레이는 앙코르 시대에 만들어진 저수지 중에 유일하게 담수하고 있으며 가로 3km 세로 8km나 된다. 앙코르 평원이 예로부터 세계적인 곡창지대가 될 수 있었던 것도 자연이 가져다준 축복에 이런 세련된 수리시설이 있었기 때문이다. 이렇게 거대한 사원과 왕궁과 수리시설을 건설할 수 있었던 것은 무엇보다도 '평화'가 지속되었기 때문이다.

비문에 따르면 "사람들은 아무 데서나 잘 살 수 있으며 누구에게도 방해받지 않았다."고 한다. 벼농사가 삶의 기반인 캄보디아에서 물은 그들의 삶에 매우 중요하다. 크메르 제국의 번영은 높은 농업 생산력에 기초한다. 제국의 힘은 신이 우리를 지켜준다는 믿음과 관리된 물에서 나온 것이다. 사원과 저수지는 옛 제국의 힘의 양 축이다. 마치 요즘 제국의 힘의 양 축이 핵무기와 금융이듯이.

신들의 도시 앙코르와트 그곳은 잊혀지고 간과되었던 아시아 문명의 찬란함과 신비가 살아 있다. 그 신비를 파고들면 아마도 인간의 집단지성과 인내, 협력, 배려와 희생이 아닐까? 무엇보다도 상생협력의 힘이 아닐까?

며칠 전 길옆에서 보았던 어마어마한 개미의 성(城)은 하루아침에 지어진 게 아니다. 1mm도 채 안 되는 개미들이 오랜 세월 매일매일 반복해서 조금씩 쌓아 올린 것이다. 개미들은 참으로 놀랍고 위대하다. 이렇게 높게 성(城)을 쌓다니! 그런데 집 처마 밑에 있는데 저것을 안 부수고 그냥 내버려 두느냐고 물었더니 개미가 내는 분비물이 뱀을 쫓는다고 한다. 개미 성(城) 안에는 여러 개의 통로를 만들어 환기와 적당한 온도, 습도 유지를 한다. 개미 성(城) 안에는 왕과 여왕으로 불리는 수컷과 암컷 개미가 한 마리씩 있다. 그 밑에는 왕개미들의 근위대인 '병정개미'들이 진을 치고 있는데, 이 녀석들은 턱이 강하고 머리 부분에 점액을 방출하여 외적을 물리친다. 그다음으로는 '일개미'들이 있다. 이 녀석들은 먹이를 채취하고 운반하여 왕개미와 병정개미를 먹여 살리고 시중을 들며, 집짓기, 청소 등을 한다. 일개미들은 건축자재들을 물어와 자신의 입에서 점액을 방출하여 몇 년에 걸쳐 개미 성(城)을 짓는다고 한다.

개미는 하루 종일 부지런히 기어 다니며 꽃을 찾는다. 꽃잎 속으로 머리를 깊이 들이밀고 꿀을 핥아 입에 넣는다. 또 집에 있는 식구들도 잊지 않는다. 뱃속에 식구들의 몫까지 꿀을 가득 채우고 무거운 몸을 질질 끌면서 힘겹게 그러나 행복한 마음으로 집으로 돌아온다. 위가 꿀로 가득 차면 집에서 기다리고 있는 식구들과 애벌레에게 돌아가서 먹었던 꿀을 입을 통해 먹인다고 한다.

개미들은 위장을 둘 가지고 있다고 한다. 하나는 자신을 위한 '개인적인 위(胃)'이고, 또 하나는 '사회적 위'라고 해서 일종의 구휼 창고라고 한다. 사회적인 위는 개인적인 위보다 위쪽에 있고 크기도 더 크다고 한다.

미국의 문필가이며 과학자요 정치가였던 벤자민 프랭클린은 "아무도 개미보다 더 잘 설교할 수는 없다. 더구나 개미는 말을 한마디도 안 한다."고 한다. 개미들은 먹을 것이 없어 배가 고프면 동료 개미의 아랫입술을 건드린다고 한다. 그러면 구토반사를 일으켜 친구의 배속에 있는 것을 얻어먹게 된다. 균등분배와 협동의 미학을 가르쳐준다.

이것이 곧 시너지효과이다. 시너지란 전체가 각 부분들의 합보다 더 크다는 것을 의미한다. 승자독식의 사회는 큰 문명을 만들어 낼수 없다. 인류 발전의 해법은 균등분배와 협업, 상생공영에 있다. 인간의 집단지성과 인내, 협력, 배려와 희생이 아닐까?

태국

34 고독이 그대를 정화해줄지라!

눈부신 금빛 사원과 깊이를 가늠할 수 없는 정글, 원초적인 모습 그대로의 에메랄드빛 해변, 맵고 자극적인 음식, 그리고 그것보다 더 자극적인 밤 문화, 태국은 나를 비롯해 많은 외국인에게 가장 묘한 매력을 가지고 알 수 없는 추파를 던지는 나라이다.

서구 열강들이 경쟁적으로 아프리카나 아메리카 대륙, 아시아의 모든 국가를 식민지로 삼던 시대에 스스로 독립을 지킨다는 것이 결코 쉬운 일은 아니었으리라! 더구나 같은 아시아 국가에 나라를 빼앗겼다는 치욕적 과거를 가진 국가의 국민으로서 태국이 어떻게 독립을 지켜 왔을까 하는 의문도 있어 이번 여정에 자주와 독립의 배경이 된 저력의 실체의 일부라도 엿보려고 노력할 것이다.

눈부신 금빛 사원과 깊이를 가늠할 수 없는 정글, 원초적인 모습 그대로의 에메랄드빛 해변, 맵고 자극적인 음식, 그리고 그것보다 더 자극적인 밤 문화, 태국은 나를 비롯해 많은 외국인에게 가장 묘한 매력을 가지고 알 수 없는 추파를 던지는 나라이다. 베트남 국경을 넘어서 캄보디아를 23일 동안 횡단해서 도착한 나라이다. 여기부터는 차량 지원을 못 받고 바티칸까지 가야 한다. 그야말로 무소의 뿔처럼 혼자서 손수레를 밀고 가야 한다.

사실 처음부터 그렇게 했어야 했다. 그게 나다운 거였다. 그러나 한편 두려웠다. 두려움의 구름이 장마철 산등성이 먹구름처럼 나를 휘감았다. 뇌경색 후유증으로 조금만 기온이 떨어지면 손발이 차가웠고, 혈관이 수축되었다. 길 위에서 마주칠 각종 위험과 때때로 노숙도 감수해야 하는 게 두려웠고 좁은 길에 쌩쌩 달리는 자동차가 두려웠다. 저녁노을처럼 가장 찬란한 고독을 찾아 나선 초로의 남자의 운명을 스스로 거부한 결과는 무관심이었다. 스스로 세계를 무대로 전위예술을 펼친다고 떠벌였던 호기는 사람들의 무관심으로 여지없이 무너지고 말았다.

　예술가의 덕목인 예민한 의식을 유지하기 위해서는 불안감은 필수적인지도 모른다. 언제나 부족하여 만족하지 않아야 한다. 절망 속에서 우뚝 일어설 수 있어야 한다. 예술가는 육체적 질병과 장애가 창작의 원천이 될 수 있다. 그러니 불안과 불만을 신성한 것으로 승화시킬 수 있어야 한다. 불가사의한 짐이 늘 함께 있어도 그것에 품위 있게 대해야 한다. 예술가에게는 부조리한 제도와 잘못된 권력에 저항하며 경계를 왔다 갔다 하는 삶을 요구하기도 한다. 예술은 사람들의 감동을 먹고 자란다.

　　　'나의 이번 작품은 교황님을 판문점에 모시고 성탄미사를 보는 것이다.'

　새로운 희망을 만들기 위해서는 나이가 들면 신체적인, 정신적인 능력이 떨어진다는 편견부터 없애야 한다. 불꽃 같은 삶을 찾아 열사의 나라들을 헤매다 지친 다리를 질질 끌고, 허기진 배를 움켜잡고 쓰러져도 후회란 없다. 반신불수의 몸으로 남은 삶을 주위 사람들에게 폐를 끼치며 사느니 '평화 통일'을 외치다 이국의 어느 곳에서 한국인으로 추정되는 변사체로 발견되어도 아쉬움이란 없다.

　한번 마음먹은 길을 뒤를 돌아보지 않고 쉼 없이 달려가지만 잘못된 길인 것을 알고는 냉정하게 돌아서 나오는 남자이기 때문이다. 늘 먼 곳을 바라보고 망상에 잠겼었던 남자. 자존심을 굽히고 비굴하게 처신하느니 지옥의 불길을 선택하는 남자가 걸어가야 하는 길은 멀고 험한 두려움과 고독의 길이다. 악에 받치는 절박하고 벗어나고픈 현실이 있는 남자의 선택이었다.

예정된 편안한 길은 없다지만 무미건조한 삶보다는 들판의 자유와 미래의 희망을 더 갈망하는 남자가 기꺼이 선택하는 길이다. 뜨거운 태양의 광휘(光輝)만이 내 고독과 좌절을 어루만져줄 수 있다는 걸 알았다. 자신을 안다는 것은 천 길 물속을 들여다보는 것보다 어렵다고 한다. 운명의 원조라고 부르는 오이디푸스마저도 '나는 누구인가?' 무릎 꿇고 처절하게 물었다. 나는 철저한 고독 속에서 반복해서 '나는 누구인가?' 무릎 꿇고 처절하게 물었다.

고독은 흙탕물의 황토와 같은 것이다. 흙탕물은 보기에는 더러워 보이지만 의외로 그 물속에는 1급수에서만 사는 어종들이 많이 산다. 황토가 물을 정화시켜주는 작용을 할 뿐 아니라 유기물을 풍부하게 만들어준다. 그러니 마음의 심난한 자(者)들이여, 고독을 찾아 떠나라! 그래서 고독은 현대인들에게 제 3의 가치라고 하지 않았던가? 고독이 당신의 마음을 정화시켜줄 뿐 아니라 당신의 마음의 유기물을 가득 채워줄 것이다.

집을 떠난 자 금방 집의 안락함을 그리워하고, 집에 있는 자 햇살의 밝음과 빈 들판의 자유로운 바람을 그리워한다. 그러니 그리움과 후회는 어쩌면 인간에게 운명인지 모르겠다. 홀로 되고나니 진정한 들판의 바람과 같은 자유로움을 느끼는 순간 한 무리의 거대한 기러기 떼가 바로 머리 위를 날아가고 있다. 순간 카메라를 잡고 비번을 누르고 렌즈의 초점을 맞추는 사이에 기러기 떼는 북쪽을 향해 덧없이 날아가 버렸다.

육체적인 고통을 견뎌내면서, 시시때때로 들이닥치는 위험에 대처하고, 정신적인 번뇌를 밀어내고, 고독으로 내면의 흙탕물을 정화시키며, 인내하는 나는 자학적인 면에서 종교의 수도자들이나 나의 달리는 행위는 일치한다고 생각한다. 의식하지는 않지만 달리면서 나는 무시선(無時禪) 무처선(無處禪)을 실행한다. 그렇다고 내가 영적으로 심오해졌다는 것은 아니다. 나는 반복 동작을 계속 이어가고 있고 어떤 운명 같은 것이 나를 밀고 이끌고 있다는 것을 알 뿐이다.

달리면서 온몸이 기운이 소진될수록 정신이 맑아지는 경험은 아주 특별하다. 신비로운 생명수가 온몸에 여울물처럼 흐르는 느낌을 받는다. 거미줄처럼 얽혀있는 법과 규범, 도덕의 거미줄에 걸려든 한 마리 나비가 풀려나 나풀나풀 창공을 나는 자유를 얻는 것이다. 절망적인 탈진 상태에서 더욱 밝아오는 생명의 빛의 축복을 맘껏 맛본다. 한계를 넘어서 그 언덕에 서야 비로소 내려다보이는 너무도 사랑스런 자신의 모습이다.

달리기는 피하려 하면 할수록 나를 휘어 감는 운명적인 사랑과도 같아서 한계가 왔을 때 그것을 훌쩍 뛰어넘게 해주는 힘을 주었다. 사랑은 모든 어려움을 극복할 수 있는 힘이다. 그것이 내가 불편한 몸이지만 불편할 뿐 불구는 아니라고 우기면서 광야에 뛰쳐나와 '평화의 노래'를 목메어 부를 수 있는 원동력이다.

남북통일이야말로 지나간 옛사랑을 추억하는 것이 아니라 매일 저녁 사랑하는 님의 마음을 얻을 때까지 달빛 창가에서 목이 터져라 세레나데를 불러서라도 기필코 이루고야 말 운명적인 사랑이다. 민족의 운명을 스스로 개척해나가지 않으면 강대국의 예속을 벗어날 수가 없다.

군산복합체는 대북문제에서 핵심 변수라는 사실을 잊어서는 안 된다. 군산복합체는 군부와 군수업체, 의회의 상호의존적 결탁체이다. 미국의 군산복합체는 정부 위에 있는 신전과 같이 의회의 의원들이 선거자금을 대주면서 주술을 걸어 떠받쳐지고 있다. 결국 이들은 미국경제를 전시경제로 끌고 간다. 국민의 삶의 질을 높이는 곳에 예산을 쓰는 것이 아니라 국방예산에 터무니없는 돈을 쓰니 빈부격차와 양극화는 더 심해질 수밖에 없다. 이것은 미국 민주주의의 쇠퇴와 결코 무관하지 않다.

지금 우리는 역사적 전환기에 서있다. 남북이 '상호 협조'하여 자주독립과 평화를 위한 절차를 하나씩 밟아나가야겠다. 남북의 '단결'을 위해서는 지금껏 없었던 '집단지성'과 '결단'이 필요하다. 그 집단지성을 발휘하게 될 동기가 필요한데 내 고독한 달리기가 방아쇠 역할을 했으면 좋겠다.

오랜 기간 분단되어 서로 이질적인 것들을 한군데 넣고 버무려서 새로운 역사를 창조하는 담대한 도전을 남북통일을 통해 추진해 나가야 할 것이다. 남북통일이야말로 이 시대의 최고의 과제이기도 하다. 서로 다름을 인정하고 포용하고 화합하고 때론 이해가 되지 않는 것들은 덮어가면서 따뜻한 민주주의의 꽃을 피우는 것이다. 그 불멸의 사랑을 위하여 휴전선의 철조망을 걷어내고, 수백만 빨간 장미를 장식하며 평화를 구애해보는 것은 어떨까?

휴전선을 운명처럼 받아들이고 살아온 우리가 얼마나 답답증에 걸려 병이 됐을까? 그것이 병이 되어 이렇게 광인처럼 광야에 나와 실성한 사람처럼 '통일의 노래'를 부르고 '평화'를 소리 높여 외친다. 삼면은 바다로 둘러싸였고 나머지 한 면마저도 가시철조망이 가로막혀 넓은 세상으로 맘껏 뻗어가지 못하는 한반도의 모습은 자궁 속 아기처럼 잔뜩 웅크린 모습과 별반 다르지 않다

고구려 발해의 멸망 이후 천년 만에 역사적 대전환기의 태양이 떠오르는데 우리의 운명을 다시 강대국들의 군산복합체의 교묘하고 교활한 논리에 맡겨버리고 아무 일도 하지 못한다면 우리 후손들은 과연 우리를 용서할 것인가? 냉철하게 세계정세를 바라보고 우리의 운명은 우리가 결정해야 한다. 지금의 어려움을 우리 온 겨레의 집단지성으로 극복하고 상생 평화의 시대를 활짝 열 때이다.

아버지는 무책임하게 남겨진 시를 통해 대동강에 대한 향수와 그리움을 내게 멀리서 들리는 노랫소리처럼 남겨놓고 떠나셨다. 우연히 내 생의 전환점이 왔을 때 위험을 감수하고 담대한 도전과 모험을 통하여 '평화의 노래'를 부른 것이 나를 바라보는 사람들에게 긴장감과 함께 몰입감을 주어 통일 담론을 끌어내는데 성공적이었다. 그렇다! 버티기 힘든 사막의 열기, 목마름과 배고픔, 고독과 두려움을 견디고야 최후의 아름다움을 품에 안고 아버지의 고향이자 나의 뿌리를 찾을 기회가 올 것이다.

35 탁발 마라톤

태양이 지평선에 떠오를 때면 태국의 아침은 맨발의 스님들의 탁발로 시작한다. 사람들은 음식을 가지고나와 스님에게 건네고 두 손을 합장하며 복을 빈다. 복을 비는 마음도, 축원하는 마음도 나눔으로 경건하게 하루를 시작한다.

태양이 지평선에 떠오를 때면 태국의 아침은 맨발의 스님들의 탁발로 시작한다. 사람들은 음식을 가지고 나와 스님에게 건네고 두 손을 합장하며 복을 빈다. 복을 비는 마음도, 축원하는 마음도 나눔으로 경건하게 하루를 시작한다. 저 멀리 떠다니는 구름처럼, 인간의 행운과 불운은 떠다니는 구름과도 같아 결국은 바람 따라 달라지는 것에 지나지 않는다고 했지만 행운을 비는 사람도 축원하는 사람도 자못 엄숙하다.

생명의 본질은 사랑과 평화와 자유이다. 그것은 나눔에서 시작한다. 태국의 아침은 나눔의 실천으로 시작한다. 탁발한 음식은 더 가난한 사람과 나눈다. 떠돌이 개, 고양이도 가난한 중생이다. 그래서 태국의 사원에는 유난히 팔자 좋은 개, 고양이가 눈에 많이 띈다. 이 아침 사랑과 평화와 자유의 기운에 들판의 아침 햇살을 따라 고압선 전류가 되어 흐른다.

태국을 가리켜 흔히 '미소의 나라'라 부른다. 만나는 사람 누구나 합장을 하고 입가에 옅은 미소로 인사하면 누구랄 것도 없이 무장해제 되게 마련이다. '곳간에서 인심 난다.'는 말이 있는데 태국인들의 밝은 미소와 여유는 풍부한 먹거리를 바탕으로 생겨난 삶의 풍요로움과 관계가 있다. 비옥한 토지와 풍부한 물, 풍부한 일조량은 태국에 내려진 하늘의 축복이다. 태국은 예로부터 세계적인 곡창지대로 열대과일과 향신료가 풍부한 나라이다.

길 위를 달리다 큰 사원이 나타나면 나는 잠시 짬을 내어 법당을 기웃거려본다. 태국인들의 미소가 바로 이 불상들의 미소와 묘하게

닮았다는 사실을 깨닫는 데는 그리 오랜 시간이 걸리지 않았다. 그들은 오랜 세월 불교를 신봉하며 살다가 부처를 닮아버린 것 같다. 그렇다. 내가 자동차가 쌩쌩 달리는 길을 달리며 만나는 사람들의 미소가 붓다의 미소이면서 바로 태국인들의 미소였다. 부드러운 미소와 유연함으로 태국인들은 새로운 문화를 빨리 받아들이고, 변화에 효율적으로 대처할 수 있었다.

언제나 타민족에게 침탈을 당하는 나라나 민족은 백성들에게 지지를 잃은 자(者)가 권좌에 앉아있을 때이다. 민심을 잃고 권좌를 꿰차고 앉아 권력을 휘두를 때 그때가 나라는 누란의 위기에 처하게 된다.

타이족은 앙코르 왕조가 높은 세금과 노역으로 민심을 잃자 그들로부터 독립하여 수코타이 왕국을 세웠다. 주변 여러 나라에 비해 그들만의 국가를 세운 것은 비교적 늦은 13세기에 들어서였다. 이 수코타이의 정치, 경제, 문화, 종교가 태국 문화의 근간이 되었다. 태국은 동남아에서 유일하게 식민지배를 당하지 않은 국가이고, 근현대에 내전이나 전쟁을 치루지 않아서 유적지가 고스란히 남아있다. 문화유산이 많고 이에 대한 자부심이 대단하다. 그래서 미소 속에 사대사상이나 식민근성이란 찾아볼 수 없는 당당함이 있다.

태국인들이 가장 존경하는 왕은 쭐라롱꼰(라마 5세) 대왕이다. 라마 5세 왕은 중요한 시기에 태국을 다스리며 선정으로 백성의 마음을 얻었고, 절대 왕정을 포기하고, 노비제도를 폐지하는 등 개혁정책을 능동적으로 시행함으로써 외국이 침략할 틈을 주지 않았다. 이는 그의 부왕 라마 4세가 아들의 교육을 위하여 외국인 교사를 고용해 아들 라마 5세가 근대적 서구 문명에 접하게 하였다. 이 이야기가 영화가 율 부리너 주연의 '왕과 나'라고 하는 영화의 줄거리이다.

어렸을 때는 영화를 재미있게 보았는데 다시 보니까 서양 우월주의가 고스란히 녹아 있어서 배알이 뒤틀린다. 영국인 가정교사 안나에게 태국에서는 거의 신적인 존재인 왕이 거의 휘두르며 엄청난 영향력을 행사하는 모습, 서양과 동양을 은연 중 문명과 미개로 대비시키는 것 등이 그렇다. 이 영화가 흥행에 성공했으나 정작 태국에서는 상영금지가 된 것이 이해가 된다.

서구의 동남아시아 진출은 왕정을 여지없이 무너뜨렸다. 영화 '왕과 나'의 주인공 몽꿋 왕이 개혁적이고 변화에 민첩하게 대응하고 그의 아들 쭐라롱콘 왕이 영국과 프랑스의 대립을 교묘하게 이용하는 외교 덕분에 태국이 동남아시아에서 유일하게 식민지가 되지 않고 왕국의 주권을 지켜낼 수 있었다. 기실 몽꿋 왕은 서구 열강에서 나라를 지키기 위해 자발적으로 서구의 문화와 기술을 받아들여 개혁, 개방정책을 펼쳐 국민의 무한한 '존경과 사랑'을 받았다.

라마 5세는 태국을 집어 삼키려는 혓바닥을 날름거리던 영국에게 당시에는 태국 땅 이었던 캄보디아의 앙코르와트 사원 근방에 있는 시엠립을 떼어주는 굴욕을 감수하고 태국을 지켜냈다.

태국의 대표적 요리이면서 세계 3대 수프로 꼽히는 똠양꿍은 그때 개방정책과 무관하지 않다. 여러 나라의 문물을 받아들이는 과정에서 예전에 없던 다양한 음식문화가 태국 음식에 녹아들었다. 똠양꿍의 매력은 맛의 조화이다. 똠양꿍은 맵고, 시고, 달고, 짠맛이 다 들어있으면서 각각의 맛이 살아 있으되 다른 맛을 배척하지 않고 조화를 이룬다. 개성과 융합의 맛이다.

우리나라의 비빔밥이 바로 개성과 융합의 맛이다. 마치 다른 악기들이 각각의 소리를 내면서 조화를 이루는 오케스트라 같은 것이다. 그 맛이 우리 통일의 정신이다. '개성과 융합'의 통일이 우리가 지향할 통일의 목표이다.

서구의 진출은 교묘하게 약탈을 인권과 민주주의로 포장하여 속임수를 썼으나 자연스럽게 동남아 시민들은 인권과 민주주의에 눈을 뜨기 시작했다. 식민지화는 가까스로 막아냈지만, 짜끄리 왕조는 근대의 이념의 물결까지 막기에는 힘겨웠다. 1932년부터 태국 인민당의 주도로 입헌군주제 개혁이 진행됐다. 그러나 절대왕정의 태국을 민주공화국으로 만들겠다던 군부 엘리트는 분열했다. 태국 왕실은 정당성 없는 군부 쿠데타를 승인함으로써 여전히 통치하는 왜곡된 입헌군주의 길을 걸었다. 잦은 쿠데타로 정정은 불안해도 왕실은 유지되고 있다.

수많은 세월을 거쳐 온 왕궁과 에메랄드 사원이 지금도 빛을 잃지 않았듯이 나의 열정도 빛을 잃지 않았으면! 탁발에 나선 스님에게 공양하듯이 한 소녀가 보통 태국인들이 가진 미소보다도 더 아름다운 미소를 지으며 다가와 바나나 한 손과 큰 물병 두 개를 땀을 흘리며 지나가는 나그네에게 공손하게 공양하고 스님에게 그러하듯이 두 손을 합장하는 인사를 하고 쑥스러운 듯 달아난다.

'열린 마음', '다름의 가치를 존중하는 마음'을 가지고 태국을 여행하면 태국은 언제나 미소로 당신에게 만족을 선사한다.

36 태국의 임진왜란 참전

가야금 연주자 하소라 씨가 '평화 마라톤'을 가야금 연주로 증폭시키는 역할을 자임하고 나섰다. 그는 자신의 가야금을 '평화금'이라고 한다. 그래서 내가 가는 모든 나라의 수도에 내가 도착할 때마다 따라와 가야금 연주를 해주면서 '평화마라톤'의 울림을 증폭시키는 일을 해준다.

2022년 마지막 날 방콕의 코리아타운에 작은 무대가 꾸며졌다. 가야금 연주자 하소라 씨가 '평화 마라톤' 을 가야금 연주로 증폭시키는 역할을 자임하고 나섰다. 그는 자신의 가야금을 '평화금'이라고 한다. 그래서 내가 가는 모든 나라의 수도에 내가 도착할 때마다 따라와 가야금 연주를 해주면서 '평화마라톤'의 울림을 증폭시키는 일을 해준다. 맑고 은은한 울림이 있는 소리는 '평화'를 향한 날갯짓이다. 완벽하게 절제된 평화로운 소리가 방콕의 하늘 아래 훨훨 허공을 난다.

가야금은 우리 조상들의 흥을 돋우는 일을 하였다. 바다처럼 품이 넓어서 노랫가락을 돋보이게 해준다. 그렇지만 가야금 소리는 혼자서도 빛이 나는 태양과도 같다. 2022년의 마지막 날에 지는 황혼의 아름다움처럼 가야금 소리는 코리아타운의 황혼이 되어 그 자리에 모인 교포들과 외국인들의 가슴에 내려앉았다.

그의 가야금 소리는 태국 안의 작은 한국, 코리아타운에 모여든 관광객들의 귀를 쫑긋하게 하는 힘이 있었고, 시선을 끌어 조용한 감동의 세계로 여행을 하게 했다. 감동의 세계로 여행 온 사람들은 언제라도 감동의 세계에 빠질 준비가 된 사람들이다. 가야금 소리로 예열된 사람들의 가슴에 나는 한마디만 한다.

"세계는 하나, 한국도 하나 우리가 바라는 건 오직 평화!"
"One World, One Korea, Only Peace!"
이 한마디면 충분하다.

　임진왜란 당시 아유타야 왕국의 나레수안 왕은 명나라에 사신을 보내 임진왜란에 태국 군대의 파견 제의를 했다. 일본은 모든 병력을 동원해서 조선 정벌에 나섰으므로 정작 일본은 텅 비어 있을 것이므로 10만의 군사로 일본을 치면 된다고 호언장담했다. 누가 봐도 기가 막힌 전술이었다. 일본의 규슈에 상륙해서 일본의 뒤를 치면 일본은 힘 한번 제대로 쓰지 못하고 무너질 것이라고 하였다.

　태국은 이미 오래전부터 포르투갈 등 유럽 여러 나라와 교류를 해 오던 터이었으므로 총기류와 대포가 유럽 수준의 압도적인 화기를 보유하고 있었다. 게다가 동남아시아를 휩쓴 경험 많고 훈련 잘 된 군대를 보유하고 있었다. 명나라 황제는 태국이 일본을 제압하면 자연스럽게 동남아 패권은 그들의 손에 들어갈 것을 두려워 거절하였다.

　태국의 군사적 자신감은 명나라를 치겠다고 조선에게 길을 비켜 달라고 나선 도요토미 히데요시의 뒤를 치겠다고 호기를 부릴 정도까지 되었다. 나레수안의 장총의 성능은 당시 아시아 최고의 화력이었다. 게다가 전차 부대를 방불케 하는 몇만 마리의 코끼리 부대를 보유하고 있었다.

　내 상상력은 편서풍을 타고 멀리 멀리 동남아시아의 끝에서 몇 달간의 항해 끝에 일본의 어느 항구에 도착 한다. 코끼리 부대의 아유타야 군이 오사카성을 무너뜨리고 먼지를 일으키며 진격하고, 코끼리 부대에 쫓기어 갑옷도 제대로 챙겨 입지 못하고 똥줄이 빠져라 줄행랑을 치는 도요토미 히데요시를 상상하는 것만으로도 입에서는 '아기 코끼리의 걸음마'가 저절로 휘파람소리로 나오고 웃음이 절로 새어 나온다.

오다 노부나가의 왼팔, 오른팔이 우리가 익히 잘 알고 있는 도요토미 히데요시, 도쿠가와 이에야스이다. 이 세 사람이 다이묘들이 각 번을 다스리는 일본을 통일시켰다. 전국 통일을 이루고 마지막 승자가 된 도요토미는 뻗쳐 나는 힘을 분출할 곳을 찾았다. 그는 명나라마저 제압하고 동아시아의 패권을 잡을 자신감에 충만했다. 당시 동아시아의 패권은 세계 패권을 의미했다.

그즈음 동남아시아에서는 동아시아의 패권을 잡을 자신감에 충만한 또 한 사나이가 있었으니 그의 이름은 나레수안이다. 당시 인도차이나의 패권은 캄보디아의 크메르 왕국에서 태국의 아유타야 왕국으로 다시 버마의 통구 왕국으로 넘어갔었다. 당시 나레수안 국왕은 부왕 짜끄라팟 국왕과 인질로 버마에 잡혀갔다. 즉 그는 망한 나라의 왕자였다.

아유타야 역사상 최악의 위기에 돌연 한 영웅이 짜자잔 하고 등장하니 바로 그가 나레수안 왕이었다. 코끼리 등 위에 올라탄 그는 2미터가 넘는 장총을 쏘아 적장을 쓰러뜨리고, 입에 칼을 물고 홀로 적진을 휘젓는 모습이 마치 호랑이가 늑대 무리들 가운데서 포효하는 것 같이 신출귀몰하였다. 그는 블록버스터의 주인공처럼 일약 태국의 아이돌 스타로 등장하였다.

이쯤 되자 주위의 작은 공국은 스스로 나레수안 왕의 신하가 되길 청했고, 이후 크메르 제국을 압박하여 캄보디아 대부분 땅과 라오스의 란쌍 왕국까지 세력을 확대하여 태국 역사상 최전성기를 이루게 되었다.

1950년 한국전쟁이 발발하자 즉시 그들의 주산물인 쌀을 원조하겠다고 유엔에 통고했다. 이어서 전투병력 1개 대대와 프릿킷함 2척과 수송선 1척으로 함대를 구축하여 파견했다. 11월 7일 부산항에 도착한 태국군이 맞닥뜨린 최초의 적은 살을 애는 듯한 매서운 추위였다. 이제껏 마주쳐보지 못한 괴로운 적이었다. 대구에서 정비를 한 다음 평양에 배속되었다. 이후 중공군에게 밀려 수원까지 왔다. 특히 수많은 고지전 중에서 포크찹 고지 전투에서의 태국군의 전과는 빛나는 것이었다.

Pork chop hill, 전쟁이 얼마나 치열했던지 사람의 피와 뼈, 살이 돼지고기 덩어리처럼 이리저리 날아다녔다고 해서 붙여진 이름이다. 미군이 중공군에 밀려 거의 포기하려고 했던 그 고지에 태국군이 육탄전으로 지켜낸 고지이다. 태국군은 '리틀 타이거'라고 불릴 만큼 용맹한 용사들이었다.

1862년 겨울, 북군이 포토맥 계곡에서 고립무원의 상태에 있을 동안, 에이브러햄 링컨은 남북전쟁의 승리를 위해서 가능한 모든 원조를 받아내려 노력 중이었다. 이때 각종 원조 제안이 있었다. 그가 받은 제안 중에 가장 흥미로운 것은 태국 국왕 몽쿠트가 전투 코끼리를 제공하겠다고 한 것이다.

잠시 링컨 대통령은 백악관 창밖을 내다보며 완전무장한 태국의 코끼리 부대가 기울어져가는 남부 전선을 돌파하는 기분 좋은 상상을 했다. 마침내 그는 정중하게 태국 왕의 제안을 사양했다. 링컨은 아무라 생각해도 그것들을 먹이고 키우는 문제가 있었다. 거기다 이

미 미국은 기차가 다니던 때라 코끼리의 효용성은 낮았다.

이제 러시아, 우크라이나 전쟁을 통해서 보여주는 것은 서구의 소리 없는 몰락이다. 아시아의 시대가 도래했다는 이야기이다. 내가 유라시아라는 용어 대신 '아시럽'이라는 용어를 고집하는 이유이다.

동남아시아의 지리적 조건은 우리와 역사적 문화적 경험을 공유하게 하였다. 옛날부터 남중국해를 통한 활발한 교류가 가능했다. 추억을 공유하는 사람끼리는 처음에는 조금 서먹서먹하다가도 금방 친해질 수 있다. 이제 곧 아시아의 시대가 열릴 것이다. 그 시대에는 전쟁은 없고 서로 존중하는 문화만이 꽃필 것이다.